드디어 공부가 하고 싶어졌다

'유리멘탈'을 위한 공부 상담소

# 드디어 공부가 하고 싶어졌다

**학학이 멘토단**
지음

# 학생들의 후기

공부의 갈피를 못 잡은 채 점수를 보면 한숨 먼저 나오는 저에게 위로의 말로서 다가와 주었습니다. 동기부여만 하는 다른 책들과는 달리 앞으로 어떻게 하면 좋을지 알려주었기에 '이 책을 이렇게라도 읽게 되어 다행이다'라고 느끼게 해준 책입니다.

——————————————————————— 구\*은, 고등학교 2학년

저는 지금껏 제 마음가짐에 큰 변화를 가져다줄 무언가를 기다리며 미지근한 태도로 공부를 해왔던 것 같아요. 거창한 것이 아니더라도 당장 내가 공부를 해야 하는 이유들을 찾아보려고 합니다. 멘토님들의 이야기들에 너무나도 공감이 되는 걸 보면 학업에 있어서 제가 겪는 어려움이 저만의 것은 아니라는 생각, 그리고 어떻게든 해결할 수 있을 것이라는 생각이 들었습니다. 입시가 힘들 때마다 이 책을 보며 마음을 다잡을 수 있을 것입니다.

——————————————————————— 박\*빈, 고등학교 2학년

공부에 대한 근본적인 의문부터 그것을 풀어나가는 과정, 그 과정의 결과까지 상세히 설명되어 있고 경험을 통한 이야기에서 진정성을 느낍니다. 저와 같은 학생들이 이 책을 읽으면 참 많은 도움이 될 것 같다는 생각이 듭니다. 이 책은 고민에 대한 공감과 다양한 해결책을 제시할 뿐만 아니라 더 나아가 공부의 방향성과 길을 잡아주는 책이라고 할 수 있습니다. 막막한 수험생활에 또 다른 한 줄기의 빛이 될 것 같습니다.

——————————————————————— 이\*진, 고등학교 3학년

평소에 많이 고민하지만 누구에게도 물어볼 수 없는 고민들에 대해서 자세하게 말해주고 공감이 되는 주제들이 많아 너무 시원한 책이었습니다.

— 장*경, 고등학교 1학년

지금까지 저는 공부에 대한 동기를 불러일으키기 위해, 주로 교수나 일반 작가와 같은 분들이 쓰신 책들을 보아왔습니다. 어딘가 딱딱하고, 왠지 모르게 온기가 느껴지지 않는 책들을 무작정 보며 제가 얻고자 했던 건 '나는 공부를 위해 노력하고 있어!' 하는 생각 뿐이었을지도 모릅니다. 이 책은 초반 몇 장을 보고도 '예사롭지 않은데…?' 하는 느낌을 줍니다. 나에게도 있는 경험, 공감할 수 있는 감정, 전문용어가 거의 없는 일상적인 단어들이, 책을 편안하고 쉽게 읽을 수 있게 해줍니다. 앞으로도 이 책을 통해 공부에 대한 다양한 조언들을 얻을 수 있을 것 같습니다.

— 좌*주, 고등학교 1학년

시간 아깝다고 생각하지 말고 한번 읽어본다면 진심으로 공부하고 싶어 하는 학생들에게 서포터 역할을 입시학원보다도 잘해줄 수 있는 책입니다. 무엇보다 많은 멘토분들이 써주셨기에 여러 분야로 고입 대비 방법을 알아갈 수 있어 저한테도 정말 도움 많이 되었습니다. 좋은 책 내주신 학학이 운영자분들께 감사드립니다.

— 최*현, 고등학교 1학년

입시를 준비하다 보면 '입시는 마라톤이다'라는 말을 많이 듣습니다. 그 마라톤을 뛰다 보면 내가 잘 가고 있는지에 대한 의문과 걱정이 많이 듭니다. 이 책에서 선배들의 실제 이야기를 통해 그 궁금증들을 해결하였습니다. 무엇보다 뜬구름 잡는 이야기가 아닌 현실적인 문제에 대한 이야기에 초점을 맞추고 있어서 좋았습니다.

— 공*희, 고등학교 1학년

# 추천사

**"공부? 해야죠….."**

어쩐지 음성 지원이 되고 자신이 입버릇처럼 하는 말이라고 느끼나요? 고등학교 교사로서 저는 이 말을 매일, 수많은 학생에게 듣습니다. 그때마다 여러분의 표정에 어리는 불안과 막막함, 언뜻 보이는 체념 때문에 슬퍼지곤 합니다. 가끔은 상담에서 공부를 해야 하는 이유, 공부 방법 등을 마구 이야기하다가 정작 여러분의 마음을 살피지 못한 게 아닌가 싶어 후회하기도 했어요.

그래서 공부라는 불행한 의무로 인해 괴로워하고 있는 여러분이 이 책을 만났다면 정말 다행이라고 말하고 싶어요. 사막에 난 발자국처럼, 이 책의 선배들은 막막해하는 그 마음을 누구보다 다정하게 헤아려주면서도 "내가 그랬듯 너도 나아갈 수 있어!" 라며 단호한 용기를 줍니다.

천천히 선배들의 이야기를 읽다 보면 어쩌면 공부는 내게 억지로 맡겨진 무거운 짐이 아니라 나를 위한 여행 가방일 수도 있겠다고 생각하게 될 거예요. 그리고 혹시 아나요, 마지막 장을 넘길 때쯤, 공부가 드디어, 조금은 하고 싶어졌다고 말하게 될지?

**김포제일고등학교 교사 김민선**

"과정에서 재미를 느끼지 못하는데

성공하는 일은 거의 없다."

-데일 카네기-

이 글을 읽는 모두가
공부하는 과정에서
기쁨을 느끼는 사람이 되길.

프롤로그

**어떠한 이유에서든 이 책을 읽기로 결심한 당신에게**

책의 시작을 여는 글을 맡게 되어 정말 영광이면서도, 한편으로는 무거운 책임감에 쉽게 적어 내려가기가 힘이 듭니다. 어떤 이유인지는 모르겠지만, 우연히 서점에 들러 하필이면 이 책을 보았고, 또 거기에 손이 이끌렸다는 것은 꽤 큰 의미를 지니고 있을 것입니다. 그 기대에 부응하기 위해서는 책의 첫인상과도 같은 이 글이 최소한 나쁘지는 않아야 할 것 같아요. 아마 이 책을 쓰는 데 참여한 모든 작가님도 자신이 어떤 글을 쓰고 있는지 충분히 인지하고 있었을 것이며, 그 글이 당신에게 긍정적인 영향을 줄 수 있도록 고심한 끝에 겨우 완성했을 것이라 믿어 의심치 않습니다. 그러니 제가 더욱 부담을 느낄 수밖에 없네요.

한참을 고민한 끝에, 우선 이 글을 쓰게 된 경위를 먼저 말씀드려야겠다고 생각했습니다. 제가 왜 이 작업에 참여했는지, 일면식 없는 당신에게 어떤 메시지를 전하고 싶은 것인지, 그래서 궁극적으로 이를 통해 무엇을 하고 싶은 것인지. 이런 이야기를 진술하고 겸허하게 남겨 놓는다면, 당신도 무사히 이 책과 최초의 대면을 마치고 나서 다음 페이지로 넘어가지 않을까 합니다. 물론 작가님마다 각자의 계기나 목적이 있겠지만, 이는 차차 알아가도록 하고 여기서는 제 이야기를 먼저 해보도록 하겠습니다.

저는 교육열이 그다지 높지 않은 경기도 일반 고등학교에 다녔습니다. 하지만 제겐 서울대학교 진학이라는 분명한 목표가 있었어요. 목표를 이루기 힘든 환경 속에서 저는 굉장히 괴로워했고, 이런저런 일들로 우울증을 앓으며 수험생활을 보냈습니다. 본격적으로 입시를 준비한 것은 고등학교 3학년에 올라가는 1월 1일이었던 것 같네요. 처음 공부를 시작할 때의 감정은 혼란 그 자체였습니다. 무엇을 해야 하는지, 하면 되는 건지도 알 수 없었어요.

그때 그런 생각을 했습니다.

"누군가가 딱 나타나서 '이렇게만 하면 된다.' 하고 제시해주면 정말 열심히 할 수 있을 것 같은데."

하지만 그런 일은 절대 없을 테니 막막하기만 했습니다. 답답한 마음에 더 극단적으로 공부하기 시작했어요. 취미 생활을 전부 끊어버린 것은 물론이고, 매일 10시간 이상 공부하면서도 잠들기 전에 자괴감을 느끼는 날들이 많았습니다.

무엇이 그렇게 불안했냐고요? 원래도 걱정이 많은 저는 사실 대학 이전 두 번의 입시에서 모두 실패했습니다. 나름 동네에서 공부 잘한다고 특목중, 특목고를 준비해보았지만 연달아 실패하고, 무의식중에 "세상에는 잘하는 사람이 정말 많구나."라는 생각을 했었어요. 그렇게 일반 고등학교에 진학했고, 서울의 고등학교나 특목고에 대한 소식을 들으며 자격지심을 느끼게 된 것입니다. 그러던 중 고3이 되어서 'SKY'를 노려보려고 하니, '과연 나 따위가 갈 수 있을까? 진짜 이렇게 하면 되는 건가?' 하는 생각을 할 수밖에 없었지요. 그렇게 저는 불안감 속에서 대입 레이스의 첫 시작을 하게 되었습니다.

이 불안감은 모의고사를 볼 때, 수시 원서를 쓸 때, 자기소개서를 처음 작성할 때, 면접을 준비할 때, 수능을 볼 때, 그리고 대학 합격 발표가 나는 그 마지막 순간까지도 이어졌어요. 제가 나약했던 것인지도 모르겠지만, 당시에는 의지할 곳이 없다고 느꼈습니다. 정말 힘들고 어려웠는데도 제 속마음을 시원하게 얘기하면 안 된다고 생각했고, 얘기한다고 해도 그것을 해결해 줄 사람은 없다는 편협한 사고방식에 빠져있었어요. 쉴 새 없이 저를 채찍질할 수밖에 없었습니다.

위태롭게 버티던 정신 상태는 결국 우울증이 되어 저를 집어

삼켰어요. 다 포기해버리고 싶다는 생각도 참 많이 했던 것 같습니다. 그래도 대학 합격이라는 목표를 이루면 다 잘 될 줄 알았기 때문에, 억지로 모든 것을 붙잡았어요. 깜깜한 어둠 속에서 제가 찾은 동력은 우울한 이유와 같았습니다. 주변의 시선, 스스로 느끼는 부담감, 부모님의 기대를 충족해야 한다는 압박 등 부정적인 것들로 꽉 차 있었어요. 그렇게 서울대 합격이라는 원하던 바를 이루어내기까지 했습니다.

대학 입학 후 돌아보니 목표는 달성했지만 과연 그 모든 과정을 참기만 해야 했는지에 대한 의문이 남았습니다. 살면서 후회를 하지 않는다는 것이 제가 정한 규칙 중 하나지만, 딱 하나 후회하는 것을 꼽아 보라고 하면 그때를 떠올릴 것 같네요. 왜 나는 참기만 했는가, 왜 나는 그렇게나 겁을 먹었는가. 그렇게 극단으로 가지 않고 더 현명하게 대처할 수는 없었던 걸까. 수도 없이 성찰했습니다.

물론 지나고 나니 그것이 모두 저의 경험이 되기는 했습니다. 하지만 모두가 저 같은 방식으로 배움을 얻을 필요는 없는 것이니까요. 제가 좋아하는 말 중에 이런 말이 있어요.

'우자는 경험에서 배우지만, 현자는 역사에서 배운다.'

바보 같은 입시 생활을 한 번 겪어본 저는 어느새 누군가에게 도움을 줄 수 있는 사람이 되어 있었습니다. 그때 제가 목표로 설정한 것은 단 한 가지였어요. "내가 겪은 실패, 내가 느꼈던 외로움으로부터 더 많은 학생이 벗어날 수 있도록 하자."

이후 과외나 학원 강사를 하다가 교육 관련 스타트업 창업을 결정하게 되었습니다. 저와 비슷한 학창 시절을 보내고 있을, 혹은 각자의 이유로 어려움을 겪고 있을 학생들이 어두운 밤중에서 하나의 별을 찾을 수 있도록 도와주는 역할을 하고 싶었어요. 그러다가 이 책에 대한 제안을 받았죠. 그때 제게 원하던 소중한 기회가 주어졌다는 생각이 들었습니다.

저를 비롯한 다른 모든 작가님도 자신만의 배경을 가지고 이 책을 쓰기 시작했을 것이라 생각합니다. 그렇기에 제 보잘것없는 경험, 글 몇 줄이 그들의 마음까지 표현해낼 수 있을지 걱정이 됩니다. 하지만 제가 표현한 것 이상의 울림을 우리 모두가 가지고 있다는 것을, 당신이 이해해 주시리라 믿으면서 이만 줄이겠습니다.

어떠한 이유에서든 이런 제목의 책을 통해 만나게 될 당신이 어떠한 방식으로든 위안을 얻고 가시길 진심으로 바랍니다. 지금의 혼란과 괴로움, 여러분은 저보다 더 현명하게 대처할 수 있습니다.

학학이 멘토단

# 참여한 멘토들

 **나노**: 서울대학교 국어교육과 졸업

 **눈사람**: 서울대학교 원자핵공학과 졸업

 **도키**: 서울대학교 교육학과 재학

 **땡글**: 고려대학교 자유전공학부 재학

 **서랑**: 서울대학교 국어교육과 졸업

 **솨솨**: 서울대학교 아시아언어문명학부 재학

 **써니**: 성균관대학교 기계공학부 재학

 **아리**: 서울대학교 윤리교육과 졸업

 **위너**: 서울대학교 아시아언어문명학부 재학

**윤**: 서울대학교 철학과 재학

 **잭팟**: 서울대학교 체육교육과 졸업

 **조조**: 아주대학교 의학과 재학

 **징징**: 서울대학교 에너지자원공학과 재학

 **치즈**: 중앙대학교 영어교육과 재학

 **파인**: 서울대학교 아시아언어문명학부 재학

 **비숍**: 한양대학교 사회과학대학 재학
　　　　《너를 국어1등급으로 만들어주마》저자

 **서림**: 광주교육대학교 수학교육과 졸업
　　　　《너를 영어1등급으로 만들어주마》저자

# 차례

## CHAPTER 1 　　공부하기 너무 힘들어요

## CHAPTER 2 　　인간관계가 어려워요

# 본격 공부멘탈솔루션

# Intro

## 분노를 동력으로 바꿀 수 있다면

 나노

제가 고등학교에 다닐 때는 모 방송사의 오디션 프로그램이 대유행이었습니다. 100명이 넘는 연습생 중에 10명가량을 뽑아 아이돌 데뷔를 시켜주는 방식이었는데, 그때 유명했던 홍보 문구가 '당신의 아이돌에게 투표하세요!' 였습니다. 투표의 열기는 아주 뜨거웠어요. 이 프로그램에서는 일정한 기간마다 '순위 발표식' 이라는 걸 해서, 일정 순위가 되지 못한 연습생들은 데뷔를 포기하고 집으로 가야 했거든요. 그리고 마지막 순위 발표식에서 가장 높은 순위가 되는 연습생은 그룹의 센터가 되는 영광을 차지할 수 있었습니다.

구조가 이렇다 보니 순위가 낮은 연습생을 좋아하는 친구들은 매번 노심초사 표를 모았고, 순위가 높은 연습생을 좋아하는 친구들은 그 연습생을 센터로 만들기 위해 더 열심히 표를 모았습니다. 저 역시 친구들을 간식으로 회유해가며 모 연습생의 투표를 당부했었죠. 지금 와서 생각해보면 왜 그렇게까지 했나 싶지만, 그땐 연습생의 청춘과 내 청춘이 하나였습니다. 좋아하는 연습생의 순위에 따라 내 기분이 같이 오르락내리락했어요. 대망의 마지막 순위 발표식 때는 부모님 몰래 밤을 새워가며 생방송을 봤고, 단체 채팅방은 알람으로 불이 났습니다. 새벽에 누구는 웃고 누구는 울고 아주 난리가 났었죠.

어쩌면 당시 저희가 그 오디션 프로그램에 유독 몰입했던 건, 연습생들의 처지와 그때 저희의 처지가 비슷해서가 아니었을까 싶습니다. 어떤 친구는 "딱 2등급까지만 데뷔하는 거네~" 말하기도 했거든요. 우리가 연습생을 아이돌로 뽑는다면, 대학은 우리를 대학생으로 뽑는 셈이었습니다. 혹은 시험이 우리를 1등급으로 뽑는 것이었죠. 무엇보다 피라미드형 무대와 상위 연습생만이 앉을 수 있는 의자. 순위 발표식 날만 되면 그 의자를 보며 전전긍긍하던 그들의 모습이 실은 남 일 같지 않았습니다. 내 생활이 힘드니까 너라도 잘됐으면 좋겠다, 이런 마음이었을지도 모르겠네요.

## 피라미드에 갇힌 우리

고등학교에 들어온 이후로, 우리에겐 '등급'이라는 것이 생깁니다. 더 높은 등급으로 가기 위해서 고군분투하고, 더 낮은 등급으로 떨어질까 봐 전전긍긍하죠. '공부한다고 해서 바뀌는 게 맞나?' 의문을 가지기도 하고요. 어쨌든 더 높은 대학에 가기 위해서는 더 높은 등급을 받아야 한다는 사실은 변하지 않습니다. 그렇기에 학생들은 어떻게든 좋은 등급을 받아 입학 가능성을 높이려고 노력합니다. 매 시험 과연 내가 원하는 등급에 들 수 있을지 전전긍긍하면서요. 시험 결과가 나오는 날이면 누군가는 안도하고 누군가는 절망하며 누군가는 포기하는 모습을 심심찮게 볼 수 있습니다.

고백하자면, 저는 성적이 압도적으로 높은 학생은 아니었습니다. 늘 등급의 경계선에 있었고 시험이 끝나면 전전긍긍하는 학생 중 한 명이었어요. 그런데 원하는 학과를 가려면 반드시 등급이 높아야 하니 스트레스가 쌓였습니다. 시험 기간에는 불안해서 잠도 잘 못 잤어요. 그러다가 한 번, 영어시험 시간에 마킹 실수를 했습니다. 다행히 금방 발견해서 수정했지만, 심장의 떨림은 되돌아오지 않았습니다. 시험이 끝나고 나서는 숨도 잘 안 쉬어져서 너무 무서웠어요. 다음날이 시험인데 쉴 수도 없어서 마지막 시험까지 쭉 그 상태였습니다. 그런데 웬걸, 시험이 끝나자마자 씻은 듯이 괜찮아지는 거예요! 이 일로 저는 큰 충격을 받았습니다. 흔히 마음이 힘들면 몸도 힘들다고 하지만 이 정도로 스트레스가 건강에 직접적인 영향을 주는지는 몰랐어요. 제가 시험 때문에 얼마나 큰 스트레스를 받고 있었는지도 몸으로 느끼고 나서야 알겠더군요. 그런데도 쉬지 못한 채 시험을 준비해야 했다는 것이 너무 억울했습니다. '시험이 아니었다면, 입시가 아니었다면, 나는 훨씬 행복하게 살지 않았을까?' 이렇게 생각하니 분노가 치밀었어요. 그런데 이게 과연 저만의 일인가요. 당장 주변만 봐도 입시 준비로 인해 고통 받는 학생들이 많이 있었고, 그럼에도 불구하고 변하지 않는 현실은 저를 갑갑하게 만들었습니다.

그 후로 저는 한동안 슬럼프에 빠졌습니다. 사실 전부터 이런 생활에 지쳐 있었어요. 성적에 전전긍긍하는 것도 힘들었지만, 특히 친한 친구와도 경쟁해야 한다는 게 괴로웠습니다. 괜히 친구가 섭섭할까 봐 혹은 내가 섭섭해질까 봐 성적 이야기를 터놓고 하지 못하는 상황도 불편했고요. 그런데 이런 일까지 겪으니 이게 다 뭐 하는 짓인가 싶더라고요. 모두가 더 높은 등급을 받자고 이렇게까지 해야 하는 상황에 진절머리가 나기 시작한 겁니다. 이런 마음이 저 혼자만의 일은 아니었을 것 같아요. 당신은 어떤가요? 입시를 하면서 이런 생각을 해본 적, 한 번도 없나요?

## 분노를 동력으로 바꾸기로 했어요

## "최선을 다하자"

제가 시험을 볼 때마다 되뇌었던 말입니다. 사실 공부는 최선을 다하지 않으면 결과가 나오기 어려워요. 허투루 한 부분은 시험에서 바로 티가 납니다. 그리고 입시는 시험 결과 하나하나가 모여서 이루어지니까, 결국 매 순간 최선을 다하는 수밖에 없습니다. 하지만 사람이 기계도 아니고, 계속 이렇게 살다 보면 지치고 화도 나지 않겠어요? 중간고사 지나면 수행평가 있고, 수행평가 지나면 모의고사 있고, 모의고사 지나면 기말고사가 있는 게 학생의 삶인데 말이에요!

이렇게 끊임없이 최선을 다하다 보면 지금 행복하지 않은데다 무슨 소용이 있나 회의감과 분노가 일어나기도 하죠. 높은 등급이 뭐라고, 높은 대학이 뭐라고……. 이럴 때 마음을 다잡기가 참 어렵습니다. 좌절과 달리 분노는 사람을 흥분시키기 때문입니다. 결국 저는 마음을 고쳐먹기로 했습니다. 제가 품었던 분노를 동력으로 바꾸기로 한 겁니다.

'이 짜증 나는 입시에 내가 지나 봐라.
어떻게든 버텨서 이게 잘못되었다고 당당히 말할 거야.
공부 못해서 하는 핑계가 아니라
정말로 이 현실이 잘못되었다고.'

지금 와서 보면 참 반항적이었다 싶지만, 이 생각은 꽤 오랫동안 제게 버팀목이 되어 주었습니다. 분노에 휩싸여서 해온 것을 포기하는 게 아니라, 더 열심히 해서 이것이 잘못되었다고 말할 수 있는 힘을 갖기로 한 겁니다. 세상이 공부 잘하는 사람의 말을 더 잘 들어주기 때문만은 아니었습니다. 끝까지 포기하지 않고 해본 사람만이 이 문제에 대해서 더 당당하게 말할 수 있기 때문이었어요. 이 생각은 제가 교육에 대한 의지를 더 불태우는 계기가 되기도 했습니다. 교육에 종사하는 사람이 되면 이 현실을 더 많이 바꿀 수 있을 것 같았거든요.

저는 감히 바라봅니다. 대학에 가고 사회에 나가서도 우리가 끝까지 그때의 분노를 잊지 않기를. 분노에 익숙해지는 것이 아니라 분노를 바탕으로 성장할 수 있기를 말이에요. 어느 한 사람이 쉽게 부숴버리지는 못하더라도, 우리 모두가 잊지 않고 있다면 정말 뭔가가 바뀔지도 모르잖아요.

# CHAPTER 1
## 공부하기 너무 힘들어요

"저는 솔직히 제가 공부를 왜 하고 있는지 잘 모르겠어요.
다들 공부하니까 공부해야 할 것 같아서 공부하는 거죠.
어떤 친구들은 꿈이 있어서 열심히 공부하는 것 같은데
저는 꿈이 없으니까 목표가 없어서 공부에 집중을 못 하겠어요.
게다가 지난번 시험 때 나름대로 노력을 했는데도 잘 나오지 않았어요.
다시 시작할 엄두가 나지 않아요.
저 같은 사람은 어떻게 공부할 의욕을 찾아야 하죠…?

# 공부하는 이유를 모르는 너에게

 파인

---

### 진로도 모르겠는데 왜 공부해야 해?

당신이 공부를 하는 이유는 무엇인가요? 우리는 공부의 목표를 진로 혹은 삶의 목표와 연관 지어 생각하곤 합니다. 공부는 내가 잘 되기 위해 하는 것일 테니, 공부하는 것은 나중에 내가 될 무언가를 위해서도 도움이 될 거라고 생각하는 것이죠. 공부 목표를 세우는 것이 어려운 이유에는 크게 2가지가 있습니다. 먼저, 공부를 하는 것과 나의 꿈을 이루는 것 사이에 수많은 과정이 끼어있기 때문에 공부와 진로의 연결이 직접적으로 그려지지 않는 경우가 많아서입니다. '대강 공부를 잘하면 좋은 대학에 가고 그러면 원하는 직업을 얻기에 조금 더 유리하지 않을까' 하는 막연한 생각이 머리를 지배하고 있는 것이죠. 하지만 그보다도 더 근본적인 이유는, 현재 마음속에 품고 있는 꿈이 명확하지 않아서일 겁니다.

> '난 학교생활밖에 안 해봤는데
> 앞으로 뭐하고 살 건지를 벌써 정하라고?'

저 역시 고등학교 때 쉽사리 진로를 정하지 못하는 학생이었어요. 희망 진로나 삶의 목표라고 하면 간절하게 원하고 갈망하고 마음속에서 강한 열정이 우러나야 할 것 같은데, 그런 마음이 억지로 생기는 건 아니잖아요. 특정 분야에 대한 관심이 많고 확고한 꿈을 품고 있는 친구들을 보면 그저 부러운 마음이 들었습니다.

하지만 제가 말하고 싶은 것은 나중에 무엇을 하고 싶은지 잘 모르는 것이 전혀 잘못되었거나 문제가 있는 상황이 아니라는 거예요. 학창 시절에 진로 고민을 하는 것은 너무나 당연하고 자연스러운 일입니다. 학교생활 외에 경험해 본 게 아직 적잖아요. 사실 희망 진로가 확실하지 않은 건 전혀 문제가 되지 않아요. 스스로에게 진로를 정해야 한다는 압박을 주지 않아도 됩니다.

공부의 목표가 진로에 있는 것이 아니라면 공부 동기는 어디서 찾아야 할까요? 저는 특정한 직업에서 목표를 찾지 못한 대신, 어떠한 사람이 되기를 바라는지에 대해 생각해 봤습니다. 고민 끝에 제가 되고 싶었던 것은 '발전하는 사람', '열심히 노력할 줄 아는 사람', '스스로를 인정할 수 있는 사람' 이었어요. 돌이켜 보면 '무엇' 을 하면서 살지는 잘 모르겠지만 '어떻게' 살 것인지에 대한 목표는 뚜렷했던 것 같습니다. 그런 사람이 중고등학생 시절 제가 봤을 때 가장 멋있고 닮고 싶은 사람이었거든요.

<br>

공부는 가상공간인 게임과 달리
현존하는 나를 발전시키는 퀘스트이다.

<br>

가상공간 안에서만 쓰고 버리는 게임 보상과는 달리 공부는 실제 삶을 레벨업시키는 과정인 것이죠. 이 게임을 더욱 재미있게 하기 위해서 저는 작은 목표들을 나누었습니다. 소박하지만 확실하게 해낼 수 있는 공부를 꾸준히 계획에 포함했습니다. 예를 들어, 영어 단어 10개 외우기, 사회탐구 과목 소단원 하나 노트 정리하기, 수학 오답 정리하기 등 지금 당장 달성했을 때 해냈다는 결과가 보이는 과제들을 매일 하나씩 루틴처럼 했습니다. 학창 시절을 돌이켜보면 이렇게 작은 성취감들이 모여 계속 앞으로 나아갈 힘을 주었어요. 한 단계, 한 단계 성취해가는 게임과도 같았습니다.

## 후회하지 않는 것이 목표다

확실한 진로는 없었지만 저는 항상 제가 내린 선택에 대해서 후회하지 않는 것을 목표로 했어요. 지금 만약 공부를 하지 않고 놀기로 마음먹었다면 노는 것에 후회가 없도록 했고, 공부를 하겠다고 마음먹었다면 그 선택에 후회가 없도록 했습니다. 우리의 삶은 스스로의 선택과 행동 하나하나로 구성되고 완성됩니다. 그렇기에 저는 제 스스로에게 이러한 질문을 했어요.

"나는 어떤 삶을 살고 싶은가."

저는 공부를 선택했고, 제 인생 중 고등학교 3년만큼은
스스로가 인정할 만큼 열심히 공부하고 싶었습니다.

나중에 3년을 돌아봤을 때 애매하게 논 것도 공부한 것도 아닌, 의미 없이 낭비한 시간들로 가득 차 보인다면 크게 후회할 것 같았죠. 그러한 후회가 남는 것이 너무 싫어서, 그래서 저는 공부를 했습니다. 사실 말이 쉽지, 선택한 길에 후회 없이 최선을 다한다는 것은 절대 쉬운 일이 아니에요. 이것을 실천까지 이어가는 데 저 역시도 무려 3가지 정도의 단계가 필요했습니다. 구체적으로 무엇일까요.

가장 먼저 마음을 먹는 겁니다. 사실 후회가 남지 않도록 열심히 하겠다는 다짐을 하는 것, 그 자체만으로도 어려운 거예요.

사람인지라 자신이 선택한 길이 공부라는 사실을 회피하고 싶을 때도 있고, 시작하기도 전에 재미없다는 생각이 들어서 하기 싫을 수도 있습니다. 그럴 때일수록 어떻게 시간을 보내야 '후회가 덜할지' 고민해 보세요. 당신이 원하는 방향은 무엇인가요? 혹시 애써 부정해 봐도 결국 좋은 성적을 꿈꾸고 있는 것은 아닌가요? 미래에 뭐가 될지 알 수 없더라도 당장은 이 공부라는 것을 잘하는 것이 자신이 진정으로 원하는 것이기 때문에 이 책도 집어 든 것이 아닌가요? 그렇게 나의 사태 파악을 곰곰이 하면서 마음을 다잡아 보는 거예요.

치열한 고민 끝에 마음을 먹었으면, 두 번째로는 순간마다 찾아오는 작은 선택 하나에도 내가 추후에 후회를 할 만한 것인지 아닌지 따져봐야 해요. 이때 자신과 싸우는 과정이 정말 고통스럽고, 힘들다고 느껴질 수도 있습니다. 하지만 후회할 것 같다는 생각이 들면 이겨내야 합니다. 고등학생 시절, 저는 아침 자습을 하곤 했는데, 아침에 일찍 일어나는 게 그야말로 고역이었습니다. 매일 아침 '더 잘까 말까'를 수도 없이 고민했는데, 그때마다 항상 오늘 해야 할 것들을 머릿속으로 그리면서 지금 자면 얼마나 후회할지를 계산했어요. 오늘은 잠 보충이 필요해서, 혹은 하루 안에 충분히 할 일을 다 끝낼 수 있어서 자도 후회 없겠다 싶으면 잠을 더 잤고, 지금 자버리면 과거의 나를 정말 원망하게 될 것 같다는 생각이 들면 자고 싶어도 꾹 참고 잠을 깨자고 다짐했죠.

마지막으로 미래에 후회할 것을 알고 있음에도 자제력을 잃는 경우, 자신을 객관적으로 바라보며 다시 마음을 다잡는 연습을 했습니다. 저 역시도 사람인지라 공부하다가 유튜브에 빠져 이를 끊지 못하고 계속 다음 영상을 클릭했던 적이 있어요. 이성적인 사고가 잘 작동하지 않는 것을 갑자기 끊어내기란 쉽지 않았죠. 그래서 저는 잠깐 화면에서 눈을 떼고 일부러 화장실에 한번 갔다 왔습니다. 그럼 자연스레 화장실 거울에 비친 제 모습을 제3자처럼 볼 수 있게 되면서, '내가 지금 무엇을 하고 있는 거지?'라는 생각이 들었어요. 그렇게 의지를 다잡았습니다.

## 우선 시작해라

무엇이든 시작은 어렵습니다. 하지만 일단 공부가 습관으로 자리 잡는다면, 그 이후부터는 공부를 하는 것에 있어 많은 감정이 들어가지 않기 마련이죠. 그냥 해야 하기 때문에 언제나처럼 늘 하는 것이 되어 버립니다. 제가 좋아하는 김연아 선수의 한 인터뷰 영상에서 스트레칭을 하고 있는 김연아 선수에게 무슨 생각을 하면서 스트레칭을 하냐는 질문이 들어왔고, 그에 대한 김연아 선수의 대답은 이러했어요.

> "무슨 생각을 해… 그냥 하는 거지"

저에게는 그 어떠한 번지르르한 말보다도 더 크게 와 닿는 말이었습니다. 힘들고 재미없어도 그것이 얼마나 힘든가를 생각하기보다는 그냥 밥 먹듯이 열심히 하는 거예요. 제가 매일 많은 시간을 들여 공부를 할 수 있었던 것도 공부하는 상태가 당연해졌기 때문입니다. 치열한 고민을 통해 얻은 나만의 공부 이유는 의식도 되지 않을 만큼 당연한 것이 되어서 매일 공부 목표를 되새기며 내가 왜 공부를 하고 있는지를 따질 필요가 없어지게 된 것이죠. 공부를 할 이유도, 동기도 있으니 더 이상 이것저것 핑계를 대지 않고 그저 하는 겁니다.

Just Do It. 우선 시작하고 행동하세요. 우리가 어떤 직업을 가질지는 우리는 확실히 알 수 없어요. 그러나 공부가 아닌 다른 분야로 가서 지금부터 시작할 것이 아니라면, 우리에게 남은 선택지는 '그저 나아가는 것'입니다. 과거에 어떤 점수를 받았고 내가 어떠한 상황에 있든, 지나가 버린 것에 얽매이지 말고 그저 계속해서 나아가 보자고요.

"무슨 생각을 해…
그냥 하는 거지"

# 공부가 어렵다는 너에게

 쏴쏴

## "공부가 제일 쉬웠어요"라는 말의 현실

"공부가 제일 쉬웠어요"라는 말의 현실, 이 제목을 보고 어떤 생각이 드시나요? 여러분은 머리로는 공부의 필요성을 이해하고 있지만 몸이 마음대로 안 따라줘서 속상한 적이 많았을 거예요. 그래서 혹시 지금 독하디 독한 말로 동기부여를 해줄 제3자를 찾아 이리저리 방황하고 있지는 않았나요? 쉽게 사라져버리는 의지로 괴로운 당신을 위해, 이 글에서는 공부에 대한 다짐을 보다 굳세게 만들어줄 '현실'의 이야기를 해볼까 합니다.

그전에 먼저 이 글의 서두를 읽고 있는 것만으로도 당신은 이미 충분히 준비된 사람이라는 것을 알아주었으면 합니다. 의지의 씨앗조차 품고 있지 않은 사람이었다면 제목을 보고 읽어볼 생각조차 하지 않았을 거예요. 당신은 분명 진심으로 공부를 해야겠다고 느껴서 동기 부여의 순간을 기다리고 있거나, 혹은 지금까지 열심히 노력했기 때문에 잠깐 지쳐서 길을 잃어버린 사람일 겁니다. 어느 쪽이든 괜찮습니다. 왜 공부를 시작해야 하는지, 그리고 계속해서 공부를 해나가기 위해 무엇을 해야 하는지는 모두에게 중요한 문제죠. 지금부터 공부가 쉬울 수밖에 없는 이유와 공부를 시작하기조차 어려울 때 해야 할 일에 대해, 저의 경험을 바탕으로 말해보려고 합니다.

## 공부가 가장 쉽다는 것은

흔히 어른들이 '공부가 제일 쉽다'라고 하는 말, 매일같이 지겹도록 책상에 앉아 공부만 하고 있는 당신에게는 잘 와 닿지 않을 겁니다. 제대로 알지도 못하면서 쉽게 이야기하는 것만 같아 화가 날 수도 있어요. 하지만 거두절미하고 단도직입적으로 말씀드릴게요. 공부가 제일 쉽고 또 제일 쉬울 수밖에 없습니다. 어른들이 그런 말을 하는 것은 우리가 처해 있는 상황을 무시하고자 함이 아닐 거예요. 오히려 아무런 걱정 없이 공부만 해도 되는 상황을 부러워하는 마음에서, 혹은 공부를 열심히 하지 않았던 자신의 옛날을 후회하는 마음에서 하는 말일 가능성이 높습니다. 그렇다면 어른들은 정확히 어떤 의미에서 공부가 쉽다고 말하는 걸까요?

이 질문에 대한 답을 찾기 전에, 자신은 어떤 경우에 무언가를 쉽다고 판단하는지 생각해 봅시다. 가장 적은 투자로 최대의 효율을 낼 수 있는 경우, 어떤 방법으로 해결해야 하는지 명확하게 알 수 있는 경우 등 많은 답이 있겠지만, 아마도 적은 노력을 들여서 빠른 시간 안에 해결할 수 있을 때 '쉽다'라는 표현을 쓸 것입니다. 우리는 누구나 인생을 '쉽게' 살아가고 싶습니다. 하지만 그건 결코 쉬운 일이 아니죠. 시험을 치려고 해도, 취직을 하려고 해도, 그저 소박하게 살아가려고 해도 자신의 목표를 달성하기 위해서는 일정 수준 이상의 노력이 필요합니다. 자신이 소위 말하는 '천재'나 '금수저'가 아니라면요.

특히 사회에 나가 스스로를 먹여 살려야 할 때가 오면 1인분의 몫을 하며 삶을 이어나가는 것이 생각보다 쉽지 않다는 것을 알게 됩니다. 적당히 벌고, 적당히 놀면서, 적당히 쓰는 '평범한 삶'이 전혀 흔하지 않고 오히려 굉장히 어렵다는 것을 말이죠. 그래서 많은 사람들이 자신의 삶을 한순간에 극적으로 '쉽게' 바꾸고 싶어 합니다. 복권을 사거나, 주식 투자를 하고 심지어는 도박에 손을 대기도 하죠. 하지만 실제로 이 방법을 통해 삶을 바꾸는 사람은 거의 없습니다. 그만큼 확률은 낮은데 위험은 커요. 이런 길이 정말로 인생을 바꾸는 '쉬운' 길이라고 할 수 있을까요?

그렇다면 특별한 행운 없이 평범하게 태어난 사람은 인생을 쉽게 살 수도, 쉽게 바꿀 수도 없는 거냐고요? 아니요. 분명 쉬운 일은 아니겠지만, 그렇다고 완전히 불가능한 일도 아닙니다. 우리가 부단히 노력한다면 실현될 수 있는 일이에요. 바로 공부가 우리의 삶을 바꿀 수 있는 가장 쉬운 방법 중 하나입니다. 물론 공부 자체는 단연코 쉽지 않아요. 알아야 할 개념도 많은데 그걸 응용까지 해야 하며, 하루에 몇 시간씩 자리에 앉아 책만 들여다보고 있는 건 분명 어려운 일에 가깝죠. 그럼에도 공부가 제일 쉽다고 말하는 이유는, 적어도 공부는 자신이 투자한 것에 대한 성과를 정직하게 돌려받을 수 있는 분야이기 때문이에요.

"공부하는 만큼 성적이 오르고 지식이 쌓인다."

굉장히 단순하고 별거 아닌 내용인 것 같지만, 사실 노력에 대한 결과가 이렇게 확실한 확률로 보장되는 분야는 많지 않습니다. 예를 들어, 미술의 영역을 생각해 볼게요. 그림을 잘 그리려면 어떻게 해야 할까요? 단순히 많이 그린다고 해서 그림 실력이 느는 걸까요. 객관적으로 나의 실력을 어떻게 가늠할 수 있을까요. 내가 어디가 부족하고 이를 어떻게 고쳐야 할지 타인의 평가 없이 알 수 있을까요. 이 질문들을 다시 공부의 영역에 적용해 봅시다. 공부하는 양과 시간을 늘리면 그만큼 성적이 오른다는 점은 다들 인정하는 사실이에요. 시험을 통해 나의 현재 실력을 객관적인 수치로 확인할 수도 있죠. 문제를 풀면서 스스로 부족한 부분을 알아내고 보완하는 것도 가능하답니다.

즉 공부는 다른 영역보다 해야 할 일과 방향이 뚜렷하다고 할 수 있어요.

그리고 다른 것들과 달리 공부는 '쌓이는 것'이 있습니다. 앞에서 예시로 들었던 주식이나 도박의 경우, 가진 것을 모두 소모하고 나면 자신에게 남는 것이 없기 마련이죠. 반면 공부는 어느 정도 초기 자금이 들기는 하지만, 배움을 통해 그보다 훨씬 값진 지식과 경험이 남습니다. 전자의 경우처럼 당장 유형의 무언가가 손에 쥐어지지는 않지만, 시험에 사용할 수 있는 생산적인 자원이 생기게 되는 것이죠. 그리고 그 자원이 쌓이고 나면 정말로 '원하는 성적'이라는 생산적인 보답을 받습니다.


## 마음대로 되지 않는 일

세상에는 생각보다 마음대로 혹은 정해진 대로 풀리지 않는 일이 많습니다. 대표적으로 인간관계가 그러하죠. 내가 좋아하는 만큼 상대방이 나를 좋아해 줄 거라고 보장할 수 없어요. 졸업을 하고 사회에 나가면 훨씬 더 많은 분야에서 모든 일이 예상한 것과 다르게 흘러가는 경험을 하게 될 것입니다. 특히 내가 들인 노력에 대해서 정당한 보상을 받지 못하는 경우가 굉장히 많아요.

중학교 때까지만 해도 공부하면 성적이 잘 나오는 것이 당연했고, 어쩌면 이 논리는 고등학교에서도 통했을지 모릅니다. 하지만 대학교, 회사, 사회로 나가면 노력이 응당 보답 받는 것은 아니라는 걸 뼈저리게 알게 될 거예요. 이렇게 돌아가는 세상사를 겪어 본 어른들은 자연스레 '공부가 제일 쉽다'라고 말할 수밖에 없을 것입니다. 공부만큼 과정이 명확하고 방법이 단순한 분야는 없기 때문이죠.

그러니 훗날 삶을 꾸려나가는 데 공부를 대체할 만한 방안이 나에게 없다면, 그냥 눈앞에 주어진 것에 집중해야 합니다. 아마 대부분의 학생들에게는 '공부'가 이에 해당하겠죠. 만약 뮤지컬 배우나 메이크업 아티스트가 되고 싶고 그 꿈이 아니면 안 된다는 확고함이 있다면, 지금이라도 늦지 않았어요. 그 세계로 뛰어드시길 바랍니다. 실제로 제가 고등학교 때 만났던 한 친구는 공부도 굉장히 잘했지만 영상과 그래픽에 분명한 뜻이 있었어요. 그리고 그 길을 가기 위해 무엇을 해야 하는지도 구체적으로 알고 있었습니다. 그래서 스스로 영상 공부도 하고 경험을 쌓다가, 과감하게 영상 그래픽에 관련된 고등학교로 전학을 갔고, 지금은 그 분야에서 인정을 받으며 꿈을 향해 달려가고 있습니다.

이렇게 당신에게 확신이 있고 의지가 있다면 움직이세요. 하지만 공부 외에 달리 몰두할 것이 없다면, 일단 공부를 하는 것이 맞습니다.

## 공부의 동기를 찾고 있나요?

사실 공부는 '그냥 해야 하는 것'에 가깝습니다. 공부를 하고 싶다고 생각하거나 즐길 수 있는 사람들은 이미 공부를 열심히 하고 있어요. 그들에게는 딱히 동기부여라는 게 필요 없는 것이죠. 즉 공부의 시작은 '해야 한다' 이외의 방식으로 이루어지기 어렵습니다. 어느 날 갑자기 나를 공부하게 만들어 줄 동기부여의 순간을 기다리는 것은 시간 낭비라고 할 수 있죠. 그럼에도 불구하고 오늘날까지 동기부여의 신화가 계속 이어지는 이유는 필요성을 인식하는 것과 실제로 실천을 하는 것이 의외로 별개의 문제이기 때문입니다. 공부를 해야 한다는 걸 깨닫고 나서 실제로 공부를 하기까지는 어느 정도의 시간차가 있을 수 있어요. 저도 그랬죠. 그렇기 때문에 우리는 나를 실제로 움직이게 해줄 동기부여의 순간을 찾아다니게 됩니다.

## 세속적이고 사소한 동기라도 좋다

개인적인 경험으로는, 자아실현이나 성적상승과 같이 대단한 동기 대신 좀 더 솔직하게 와 닿을 수 있는 동기를 설정하는 것이 좋습니다. 나에게 움직일 의지를 불러일으킬 수 있다면 그것이 무엇이든 상관없어요. 부모님과 성적을 걸고 내기를 거는 고전적인 방식도 적극 찬성합니다. 무슨 방법이든 좋으나 개인적으로 저는 '독기' 내지는 '오기'를 품게 하는 동기가 가장 효과적이었던 것 같아요.

저는 저를 무시하는 사람들에게 저의 역량을 증명하기 위해서 공부를 시작했습니다. 꽤나 세속적이라고 생각할 수도 있지만, 제가 지금 이뤄낸 대부분의 것들은 모두 거기에서부터 시작되었어요. 고등학교를 다닐 때, 저는 저를 무시하고 제게 상처주는 친구를 만난 적이 있습니다. 저희 학교엔 굉장히 똑똑하거나 부유한 집안에서 태어난 친구들이 많았는데, 저는 그중에 하나도 해당하는 것이 없었기에 돌이켜보면 그 친구가 저를 만만하게 봤던 것 같아요. 처음에는 그저 힘들어하기만 했습니다.

하지만 곰곰이 생각해보니 어차피 천재성이나 집안의 재력은 내가 어떻게 할 수 있는 분야가 아니라는 걸 깨달았어요. 그리고 곧 제가 기죽을 필요가 전혀 없다는 사실을 알게 되었답니다. 그래서 고민 끝에 제가 스스로 만족할 만한, 혹은 객관적으로 봤을 때 인정할 만한 사람이 되면 그 친구의 무시 같은 건 아무것도 아니게 될 거라는 결론을 내렸어요.

그렇게 저는 스스로에게 그리고 모두에게,
제 자신을 증명하기 위해 공부를 시작했습니다.

처음에는 이 친구에게 증명해서 무시를 당하지 않는 것이 목표였죠. 그런데 막상 그렇게 한 번 공부를 시작하고 나니, 그 다음에는 스스로와의 싸움을 하게 되었습니다. 제가 극복해야 할 것은 그 친구의 차가운 시선이 아닌 나를 괴롭게 하는 수학 문제라는 것을 알게 되었어요. 그래서 공부에 더욱 집중하게 되니 더 이상 그 친구를 신경 쓰지 않게 되었습니다.

그렇게 한번 트랙 위에 올라섰더니 느리지만 천천히, 스스로의 힘으로 나아갈 수 있게 되었어요. 의지가 흔들릴 때는 일부러 공부하는 사람들이 많은 도서관이나 독서실을 찾아가기도 했고, 원하는 대학에 합격한 선배들의 영상을 찾아보면서 의지를 다잡기도 했습니다. 그리고 독한 말을 하기로 유명한 인터넷 강의 영상을 찾아보면서 스스로에게 자극을 주려고도 했어요. 이미 저는 공부를 해야 한다는 것을 알고 있었고, 어느 정도 하고 있었기 때문에 그런 동기부여의 툴(Tool)들을 효과적으로 써먹을 수 있었던 것 같습니다.

고로 제가 공부를 열심히 하게 된 동기는 매우 세속적이었지만, 점차 공부를 이어나가다 보니 좀 더 건강하고 건설적인 동기로 바뀌게 되었다고 정리할 수 있겠네요. 시작의 동기는 무엇이든 상관없어요. 일단 움직여 보는 거예요. 남들에게 떳떳하게 말하기 어려운 것이라도 괜찮습니다. 한번 바퀴가 굴러가기 시작하면 추진력이 생겨서, 또 다른 이유로 작동을 이어나갈 수 있게 되기 때문이죠. 무엇이든 첫걸음만 떼면 그다음은 쉬워요. 그렇게 한 발 한 발 나아가다 보면 성장을 통해 '진짜 특별한 나만의' 공부 동기에 다다를 수 있게 될 것입니다.

## 당신도 독해질 수 있다

 여러분이 정말 공부를 열심히 하고 싶다면 그리고 그래야만 한다면, 독기를 품고 좀 더 가혹하게 스스로를 몰아붙이라고 말해주고 싶어요. 그렇게 자신과의 싸움에서 이기고 나면 잃는 것도 있지만 그만큼 얻는 것도 많기 때문이죠.

　원하는 대학에 합격할 수 있고, 성공의 경험을 바탕으로 앞으로 어떤 일에도 도전해 볼 수 있겠다는 용기가 생기고, '힘들다'라고 판단할 때의 그 기준이 높아져서 웬만한 일은 견뎌낼 수 있게 될 겁니다. 즉 어떤 일이든 끝까지 물고 늘어지는 근성이 생기는 것이죠. 저에게 있어서 고등학교 3학년 시절은 회상하기 싫을 정도로 힘들었지만, 대신 그만큼 더 단단한 사람으로 성장하는 계기이기도 했습니다. 웬만한 시련은 견뎌낼 수 있는 맷집도 생기게 되었고, 새로운 도전을 하는 것에 대한 두려움도 많이 사라졌죠. 무엇이든 공부하고 노력하면 해낼 수 있다는 믿음이 생겼기 때문입니다.

　이 글을 읽으면서 당신의 마음속에 작은 시작의 불씨가 피어났길 바랍니다. 사실 의지를 다지고 싶다는 마음만으로도 당신은 이미 충분해요. 그 마음이 모여서 차곡차곡 쌓이면 그리고 그 마음으로 당신이 무언가를 하나둘씩 시작하게 된다면 드라마틱한 동기부여 없이도 공부에 집중하고 있는 자신을 발견할 수 있을 겁니다. 일단 트랙 위에 첫 발을 내딛어 봅시다.

# 시험이 끝난 뒤 울고 있는 너에게

서랑 　 도키

시험 끝나고 울어도 되나요?

열심히 준비했던 시험이 끝난 날, 당신은 어떤 기분이 드나요? 드디어 끝났다는 해방감, 시험을 잘 치렀다는 뿌듯함과 성취감, 그동안의 노력을 쏟아냈다는 후련함까지. 수많은 긍정적인 감정을 나열할 수 있겠지만, 안타깝게도 인간은 긍정적인 감정보다는 부정적인 감정에 더 쉽게 흔들리고 매몰되는 것 같습니다. 시험 기간에는 몸도 마음도 시험에 집중하느라 정신이 없었는데, 그렇게 집중하고 있던 하나의 단기적 목표가 종료되고 나면 짧은 공백이 생깁니다. 이 공백을 채우는 것은 새로운 목표일

44

수도, 그동안 유보했던 감정일 수도 있습니다.

해방감, 뿌듯함, 성취감, 후련함만을 느낄 수 있다면 좋겠지만 이들보다 더 강력하게 공백을 채우며 밀려오는 감정은 대체로 '후회'일 거예요. '조금만 더 열심히 했다면 더 만족스러운 성적을 받을 수 있었을 텐데, 이 부분을 더 중점적으로 봤어야 했는데, 수업 시간에 강조했던 부분인데 왜 집중해서 안 봤었지?' 하는 자책들 말입니다.

시험이 끝나고 난 뒤에는 열심히 해온 자신을 칭찬하고, 다음 시험을 위해 스스로 격려할 필요가 있다는 걸 우리는 모두 머리로 알고 있습니다. 그렇지만 막상 시험이 끝나고 나면 그렇게 하지 못할 때가 더 많지 않나요? 그럴 때마다 우리는 감정에 휩쓸리는 자신에게 실망하곤 합니다. '이렇게 자책한다고 해결되는 일이 아닌데 왜 이러고 있지?', '후회할 거면 애초에 똑바로 했어야지, 왜 울어?' 하며 자신에게 채찍질하다 보면 또 눈물이 납니다. 시험 끝나고 엉엉 우는 거울 속의 내가 너무 바보 같고 싫습니다. 주체할 수 없이 쏟아지는 눈물을 닦아내면서 허공에 소리칩니다. "나도 울고 싶지 않은데, 눈물이 나는데 어떡해!"

시험이 끝나고 공부한 만큼 성적이 나오지 않아 속상해하고, 싱숭생숭한 마음에 다시 책상에 앉기 어려웠던 경험, 많이들 있을 거예요. 엉엉 울다 보면 공부하기 싫어지고, 열심히 공부한들 이렇게 또 만족하지 못하고 속상해할 거라면 공부할 이유가 있나 싶어서 금방 우울해지기도 하죠. 당연하지만, 소위 말하는 명문대학교에 합격한 사람들도 늘 1등급을 받고, 100점만 받은 것은 아니었습니다. 그래서 시험이 끝난 후 속상했던 적도 있고, 이러다 대학을 못 가는 것은 아닐까 하는 걱정에 불안해하던 적도 많이 있어요.

지금부터, 이 부끄러운 의문에 답해줄 수 있는 이야기를 들려드릴게요.

## 감정에 솔직해집시다

저의 경우, 시험 결과가 아무리 실망스러웠다고 해도 잘 울지 못했습니다. 뭘 잘했다고 우나 싶었어요. 사람마다 시험을 준비하며 설정하는 목표치가 있을 텐데, 목표를 달성했던 시험보다 그렇지 않았던 시험이 압도적으로 많았으니까요. 속상하고, 원하는 만큼 성적이 나오지 못해서 아쉬운 마음에 금방이라도 눈물이 쏟아질 것 같은 때에도 시험 끝나고 우는 건 꼴사나운 짓이라고 생각했습니다. 괴롭지만 담담해야 할 것만 같았죠.

그런데 그런 저를 바꿨던 계기가 있었습니다. 고등학교 2학년, 저는 중간고사 정치와 법 과목에서 한 문제를 틀렸습니다. 응시자 수가 적기도 했고, 해당 시험이 유난이 변별력이 없었던 시험이라 한 문제를 틀렸음에도 단숨에 3등급 후반대가 되었어요. 도대체 내가 뭘 잘못해서 한 문제로 이렇게 등급이 훅

46

떨어질 수 있나 혼란스러웠습니다. 시험 문제를 쉽게 낸 선생님을 미워하다가, 정치와 법을 선택하지 않은 다른 2학년 친구들에게 괜히 원망의 화살을 돌렸다가, 결국은 저를 향해 쐈습니다. 다 내 잘못이고, 그러니까 어쩔 수 없는 거라고요.

구구절절한 사연을 전하면서 애써 웃고, 괜찮다고 말하는 저를 유심히 보던 법과 정치 선생님은 꼭 제 정곡을 찌르듯이 말씀하셨어요.

> "울고 싶으면 울어야지.
> 그리고 그 눈물에 부끄럽지 않게
> 다음에 더 열심히 하면 돼."

감정에 솔직하지 못하고 계속 꾹꾹 누르고 있던 저는 그때 제 마음을 숨기지 않고 울었고, 제가 실수 앞에서 나약하다는 걸 인정했고, 마음속에 꾹꾹 눌러 나오지 못하게 막았던 괴로운 외침을 세상 밖으로 꺼냈습니다. 그러니 앞으로의 제가 어떻게 해야 하는지 더 명확해지더라고요.

자신이 시험을 못 봤다는 생각이 든다면, 시험 직후만큼은 그 감정들을 억누르지 말고 그대로 표출해보세요. 울기도 해보고

*털어놓을 곳이 없다면 저처럼 글로라도 써보면서 쏟아내는 것*
*이 필요해요. 감정에 솔직하고, 울고 싶은 만큼 울었을 때 사람*
*은 그 감정을 기억하고 성장의 동력으로 삼습니다.*


## 눈물을 닦아내고 할 일

앞서 말했듯, 과거에 눈물지어도 됩니다. 그러나 과거에 연연하느라 다가오는 미래를 망치지는 말아야 합니다. 물론 '그러지 않았으면 좋았을 순간'이 계속해서 생각날 수는 있습니다. 하지만 그것을 핑계로 공부를 놓아버린다거나 집중하지 못하게 되는 것은 그 누구도 아닌 바로 나 스스로에게 좋지 않습니다. 충분히 우울해했으면 이를 털어내고 대책을 세워야 합니다. 결과가 왜 이렇게 나왔는지 그 이유를 알아야 앞으로 나아질 수 있다는 희망을 되찾을 수 있습니다. 나에게 괜찮다는 위로를 하는 것만이 멘탈 관리가 아닙니다. 자신이 받아들일 수 없던 점수를 받아들이고, 앞으로의 동기로 삼는 것. 그것이 멘탈을 정말 강인하게 만들어줄 것이에요.

　엄청 구체적인 것까지는 아니더라도, 얼마만큼의 승산이 있고 어떤 루트로 대비를 해야 유리할지를 제대로 파악해야 확실히 돌파구를 찾을 수 있어요. '열심히 했다는 느낌'을 배제하고 오로지 냉정하게 자신의 공부량, 공부 방법, 틀린 이유 등을 따져봐야 합니다. 이렇게 하나씩 분석하다 보면 절망과 좌절에서 벗어나 내 약점을 고치고 더 잘해봐야겠다는 생각이 들게 돼요. 그래서 충분히 속상해한 뒤, 점검해야 할 것들에 대해서 이야기를 해보려 합니다.

## 하나, 현실적으로 가능한 최대 내신 계산하기

먼저, 이번 학기 내신이 얼마나 나올지 대략 계산해봅니다. 그다음에 전체 내신 산출에 반영하여 얼마나 타격이 클지 확인하는 것입니다. 중간고사에 시험을 망쳤다면 기말고사가 남아 있으니 조금 더 희망을 품어도 좋습니다. 다만, 등급이 더 떨어지지 않으려면 몇 배로 열심히 해야 하는지 예상할 필요가 있겠죠. 이번 중간고사 때 공부한 만큼 하면 '유지'가 결과일 수밖에 없다는 것도 기억해야 합니다.

예상 내신을 산출하고 난 다음에는 선배들의 성적과 비교하여 자신의 내신 대와 비슷했던 선배들이 어느 정도의 학교에 합격했는지 확인해보세요. 여기서 목표 지점으로 설정해야 할 것은 바로 그것보다 두 단계 혹은 최대 세 단계 정도 위입니다. 현재 상황이랑 목표를 막연하게 두지 말고 구체적으로 확인하는 것이 중요하다는 것, 기억하세요.

## 둘, 시험 공부 기간 점검하기

공부 기간을 무조건 길게 혹은 무조건 짧게 잡는 게 능사가 아닙니다. 각각의 상황에 비추어 판단해서 어느 정도 길이가 최적

일지를 계산해야 합니다. 시험 기간을 전체적으로 점검하여 문제점을 찾아내고, 다음 시험을 준비할 때 그 부분을 개선해서 기간과 계획의 틀을 갖추라는 것이죠. 관련된 멘토의 이야기를 들려드릴게요.

## '도키' 멘토의 이야기

"저는 시험 점수가 가장 낮았던 때가 시험공부 기간을 가장 길게 잡았을 때였습니다. 이런 경험을 잘 점검해서 다음 시험에 응했고, 성적이 많이 향상되는 결과를 얻었어요. 점검 과정에서 제가 알게 된 사실은 저라는 사람은 집중력이 짧고 흥미가 금방 떨어지는 편이라 짧은 기간에 강한 강도로 공부하는 것이 잘 맞는데, 시험 기간이 길어지니까 같은 부분을 복습하는 게 지루해져서 뒷심이 많이 부족했다는 점이었습니다. 앞부분에서 열의를 갖고 암기과목을 집중적으로 외우다 보니 오히려 마지막에 가서 암기 과목이 지겨워지고, 다시 읽고 복습하는 게 중요함에도 새로운 문제만 계속 푸니까 정리가 안 됐던 것이죠. 그래서 다음번에 공부할 때는 문제 풀이 비중을 줄이고 복습 횟수를 늘렸으며, 기간을 조금 짧게 해서 집중도를 높였습니다. 결과는 대성공이었어요. 이런 식으로 시험 기간의 전체적인 흐름을 파악하여 어느 지점에서 문제가 발생했는지 찾고, 그 부분을 집중적으로 공략한다면 훨씬 나은 성적을 받을 수 있을 것입니다."

보통 내신 시험은 4주에서 3주 정도가 적당해요. 3~4주 내외로 본인에게 가장 잘 맞는 준비 기간을 설정하도록 합시다.

## 셋, 과목별 계획 세분화하기

과목별로 승산이 있는 것들을 추려서 성적을 확실히 올릴 수 있는 것과 그렇지 않은 것으로 구분하고, 각각에 시간을 적절히 배분해서 다음 시험을 대비할 수 있어야 합니다. 이 부분은 아주 중요해서 백번 강조해도 모자람이 없습니다. 가령 중간고사에서 국어랑 수학 각각 4등급을 받았다고 해봅시다. 국어의 경우 시험 난도가 높아서 성적 분포도가 고른 편이고, 수학의 경우 시험 난이도가 너무 쉬워서 1점 차로 등급이 왔다 갔다 하는 상황입니다. 그러면 당연히 수학 성적을 더 높이는 것이 입시에 유리하겠죠. 물론 그렇다고 국어 공부를 설렁설렁해야 한다는 건 아니지만, 더 유리한 과목에 시간과 노력을 할애하는 게 일종의 전략이라는 것입니다.

## 눈물 흘렸던 자리를 딛고

이제 막연했던 걱정이 구체적인 다짐으로 모양을 달리하게 되었을까요? 걱정이 걱정으로서 유용한 이유는 최악의 상황에 대해 멘탈을 훈련시켜주기 때문입니다. 즉 걱정의 가치는 '멘탈 훈련'이라고 요약할 수도 있죠. 이제 우리의 걱정을 감정적으로만 대하지 말고 이성적으로 풀고 정면으로 마주해야 합니다. 우리가 가장 외면하고 싶은 그 최악의 상황을 예상해보면, 생각보다 침착하게 대응할 수 있어요. 어딘가에 미끄러져 봐서 다쳐

본 사람은 다음에 미끄러지지 않기 위해서 어떻게 해야 할지, 미끄러졌을 때 어떻게 일어나야 할지 더 잘 압니다.

앞을 보기가 두렵고, 미래의 시간보다 과거의 실수에 매몰되기 쉬운 것은 완벽을 추구하는 인간으로서 당연한 관성입니다. 다만 그 관성을 이겨내고 미래를 바라보는 것도 인간이기에 할 수 있는 일입니다. 감정에 솔직하게 반응하고, 나의 실수를 인정하며 과거의 잔재를 털어낸 뒤에는 더 나은 미래를 위해 움직이면 됩니다. 걱정을 딛고 훨씬 더 단단해진 모습으로 다음 시험을 준비하면 그때는 분명 자신이 원하는 방향으로 상황이 뒤바뀌어 있을 것입니다.

그러니 꼭 자신을 믿어주세요. 눈앞에 보이는 단순한 목표에 집중하고, 그렇게 조금씩 과거에서 벗어나 보는 겁니다. 이제 눈물 닦고요.

# 실수를 줄이고 싶은 너에게

 눈사람

---

## 실수를 하는 내가 싫어요

시험이 끝난 후 점심을 먹으며 친구들과 답을 맞혀보다가, 평소라면 절대 하지 않을 어처구니없는 실수를 발견하고는 그대로 입맛이 뚝 떨어져 버린 일, 모두 한 번쯤은 겪어 봤을 것 같습니다. 인간은 누구나 실수를 할 수 있기에, 스스로에게 괜찮다는 심심한 위로를 건넨 후 빠르게 훌훌 털어버리는 것이 다음 시험 준비에 있어 바람직하겠죠. 분명 머리로는 알고 있는데, 실제로 그렇게 하기는 쉽지 않습니다. 적어도 저는 그러하지 못했어요. 학창 시절 저의 가장 큰 고민 중 하나는 실수였어요. 물론 실수

외에도 고민거리는 차고 넘쳤지만, 돌이켜보면 실수만큼 지겹도록 저를 괴롭힌 것은 없던 것 같습니다. 저와 같은 고민을 하는 당신을 위해 이 글에서는 실수라는 고질병을 어떻게 대해야 하는지 이야기하고자 합니다. 도대체 실수는 왜 하는 것이며, 어떻게 이겨낼 수 있을까요.

## 실수를 하는 이유

실수에 대한 본격적인 고찰로 넘어가기에 앞서 실수의 뜻을 한번 살펴보도록 합시다. 표준국어대사전에 의하면 실수는 '조심하지 아니하여 잘못함. 또는 그런 행위'를 의미합니다. 이 글에서 주로 언급할 실수는 '시험을 치면서 원래는 풀 수 있었던 문제를 틀리게 되는 것'이라는 점, 기억해 주시기 바랍니다. 그럼 이제 이런 어처구니없는 실수를 우리가 하게 되는 이유에 대해서 이야기해 볼게요.

첫째, 극도로 긴장할 경우 이러한 실수가 발생할 수 있습니다. 쉽게 예측할 수 있고 많은 사람들이 공감할 수 있는 이유인 것 같아요. 수시를 준비하는 학생들은 학교 내신에 철저히 대비해야 합니다. 따라서 중간고사와 기말고사 등의 한 시험, 한 시험이 모두 중요하죠. 긴장이 될 수밖에 없는 상황에 놓여있는 것입니다. 만약 실기 시험이 있는 입시를 준비할 경우, 면접관이나 심사위원들 앞에서 굉장히 떨릴 수 있습니다. 수능은 말할 필요도 없을 것 같고요. 잠시 제 이야기를 해보자면, 아직도 인생에서 가장 긴장되었던 순간을 서울대학교 공과대학 수시 면접 답안지를 들고 교수님 앞에 서기 직전으로 꼽습니다. 그렇게까지 떨렸던 적은 살면서 아직까지 없었다고 단언할 수 있을 정도예요.

물론 이 서울대 면접 전에도 시험을 치면서 곧잘 떨고는 했었죠. 고1 중간고사 때 한번은 평소에는 잘만 풀렸던 문제들이 안 풀려서 속상한데 시계를 보니 시간은 얼마 남지 않았고, 아직 남은 문제가 산더미였습니다. 그때부터 머릿속은 서서히 하얘지고 샤프를 든 손이 갑자기 떨리더군요. 이렇듯 시험을 치기 직전 혹은 치는 도중 긴장을 하게 된다면, 당연히 제 실력을 발휘하지 못하게 됩니다. 아무리 공부를 많이 했더라도 시험에서 이렇게 머리가 멈춰버리면, 로봇처럼 침착하게 문제를 풀어내기가 쉽지 않습니다. 평소에는 절대 안 하던 계산 실수를 갑자기 연발할 수도 있는 거예요. 긴장이 실수를 유발하는 가장 큰 요인 중 하나라는 것, 잊지 말길 바라요.

다음으로, 너무 긴장하지 않아서 실수를 할 수도 있습니다. 앞에서는 극도의 긴장이 실수를 낳는다고 말해놓고 갑자기 너무 긴장하지 않아서 실수를 한다고 하니 당황스럽나요? 우리는 어려운 시험이나 정말 중요한 시험일수록 긴장을 하게 되는 반면, 상대적으로 덜 중요한 시험이나 덜 중요한 과목 혹은 쉬운 시험의 경우 긴장을 필요 이상으로 안 할 수도 있어요. 심지어는 한 시험 안에서도 상대적으로 쉬운 문제는 대충 풀고, 뒤쪽 문제에 시간을 집중적으로 할애할 수도 있습니다.

이렇게 필요 이상으로 긴장을 안 하게 되면, 문제를 풀어내는 치밀함과 꼼꼼함이 느슨해져 정말 쉬운 문제들도 어처구니없이 틀리는 상황이 발생하게 돼요. 저 역시도 고등학생 때 수학 선생님께서 기본점수를 주시기 위해 정말 쉽게 냈던 1번 문제를 피식하며 풀고는, 단순한 계산 실수로 틀린 적이 있었습니다. 제 기억으로는 반에서 저 혼자 그 문제를 틀렸어요. 하필이면 수학 과목 시험이 점심시간 직전에 치러졌기에 혼자서 점심을 먹으며 자괴감에 빠져 있었던 기억이 납니다. 첫 번째 이유만큼은 아니겠지만 두 번째 이유도 충분히 우리가 실수를 하게 되는 요인이 될 수 있다는 점, 기억해야 합니다.

## 방법1. 잠깐 시선을 돌려 보자

고질적인 실수, 어떻게 하면 줄일 수 있을까요.

제가 자신 있게 알려드릴 수 있는 첫 번째 방법은 고등학교 1학년 시절 수학 선생님께서 전수해 주셨던 '먼 산 보기' 입니다. 이 무슨 말도 안 되는 해법이냐고 생각할 수도 있지만, 제가 지금까지도 효험이 있다고 자부할 수 있는 방법이랍니다. 좀 더 구체적으로 말씀드릴게요. 물리나 수학같이 계산을 많이 요구하는 과목을 시험 칠 때, 먼 산을 약 10초 정도 바라보면서 잠시 시험 장소를 벗어나 봅시다. 학교가 산이 없는 지역에 위치해 있다면, 산이 아닌 학교 건물 앞 운동장 축구 골대를 바라봐도 되고, 자신의 자리가 교실 안쪽에 있는 경우 칠판이나 태극기를 봐도 돼요.

시험을 치면서 모르는 문제가 나오거나 심리적 압박감을 받으면 앞서 이야기했듯이 머리가 하얘지기 때문에 제 실력을 발휘하지 못하게 됩니다.

> 너무 긴장될 땐, 잠시 숨 막히는
> 압박감에서 벗어나, 먼 산이나 시험과
> 직접적으로 관계가 없는 곳을 바라보면서
> 크게 심호흡을 해 보세요.

이는 컴퓨터에 과부하가 걸려서 제대로 작동하지 않을 때 잠시 강제 종료를 했다가 다시 켜는 방법과 비슷합니다. 저는 수학 문제가 잘 풀리지 않으면, 제가 다녔던 고등학교 근처의 산자락을 보며 시험시간에 나간 멘탈을 부여잡고자 노력했습니다. 심호흡을 하고 뒤죽박죽이 된 머릿속을 정돈한 후에 다시 처음부터 풀리지 않았던 문제를 바라보면, 이전에는 보이지 않던 풀이 과정 중간의 실수를 찾을 수도 있고, 기억나지 않던 공식이 떠올라 문제를 생각보다 간단하게 해결할 수도 있습니다. 이렇게 잠시만 시선을 돌려도 마음의 안정을 되찾고 긴장으로부터 나오는 실수를 줄일 수 있답니다.

## 방법2. '나만 어려운 게 아니다'라는 자신감 가지기

두 번째 방법은 자신감을 가지는 것입니다. 쉬우면서도 어쩌면 가장 어려운 방법이에요. 물론 충분히 시험공부를 해서 출제되는 모든 문제를 풀 수 있을 정도의 실력을 갖추었다는 전제조건이 있어야 자신감이 생긴다고 생각하겠지만, 일단 이러한 조건을 모두 갖추었다고 생각해 봅시다. 그럼 무조건적으로 자신감이 생길까요? 아닙니다. 문제는 우리가 아무리 열심히 공부했더라도 시험을 출제하는 선생님은 항상 우리의 머리 위에 계신다는 점이에요.

저의 경우, 고등학교 시절에도 전교생이 틀리는 문제를 내는 선생님이 계셨고, 대학생이 되어서도 틀리라고 낸 문제였다며 추후 수업 시간에 친히 문제풀이를 해 주시는 학과 교수님도 계셨습니다. 시험이 끝난 다음에는 같이 답을 맞춰보며 '이건 말도 안 되게 어려운 시험이었구나, 나만 망한 게 아니었구나.' 등의 위안을 얻을 수 있지만, 문제는 시험을 치는 도중에는 온전히 스스로 이 무시무시한 난이도를 감당해야 한다는 점입니다. 그러니 여기서 여러분이 자신감을 가지셔야 해요. 쉽게 풀 수 없는 막막한 문제가 나오거나 풀이 방법이 도저히 떠오르지 않는다면 꼭 다음 문장들을 되새기면서 시험을 치기 바랍니다.

이 두 문장은 시험 도중 머리가 멈추는 상황에서 제가 자주 되뇌었던 마법의 문장들입니다. 실제로 친구들과 함께 답을 맞혀보면 대부분 위의 문장처럼 모두에게 어려웠던 시험이었더라고요. 시험을 치는 중간에, 남들은 문제를 잘 풀고 있는데 나 혼자만 못 풀고 있는 것 같아 안절부절못하지 마세요. 남들도 똑같이 못 풀고 끙끙거리고 있을 가능성이 높으니까요. 위의 마법의 주문을 꼭 기억하고 있다가 시험 도중에 사용해 보길 추천합니다.

앞에서 제가 수시 면접 때 굉장히 긴장했었다는 말을 했었죠? 면접을 망쳤음에도 불구하고 합격할 수 있었던 이유가 바로 여기에 있었어요. 면접을 망친 채로 시험장에서 나와 친구들을 만났는데, 다들 저와 표정이 똑같았습니다. 제가 수시 면접을 보던 해의 문제들이 정말 어려웠던 것이죠. 역대급 난이도라며 친구들과 이야기를 나눴고, 위축되어있던 제 마음을 조금이마나 내려놓을 수 있었습니다. 모두들 면접을 못 본 탓에 제가 운 좋게 합격할 수 있었던 것입니다. 그러니 높은 난이도 앞에서 너무 겁먹지 맙시다.

## 방법3. 모든 것을 실전처럼

세 번째 방법은 '훈련을 실전처럼'입니다. 뉴스나 유튜브에 나오는 경찰특공대, 대테러 특수부대가 훈련하는 모습을 언젠가 한번 본 적이 있을 겁니다. 실전을 방불케 하는 훈련 모습에 '멋지다'라고만 생각했다면, 이제 여러분도 시험을 준비할 때만큼은 경찰특공대처럼 훈련해 보세요. 이런 전문 훈련들부터 학교에서 실시하는 대피 훈련까지, 실전과 같은 훈련은 모두 같은 목적을 가지고 있습니다. 정신이 없는 급박한 상황을 가정하여 뇌가 멈춰버릴 수 있는 순간을 대비하는 것이죠. 실제로 이러한 상황이 올 경우 머리는 당황하더라도 몸이 알아서 작전을 수행할 수 있도록 그리고 정해진 대피 위치로 대피할 수 있도록 예습하는 것입니다.

시험공부도 마찬가지입니다. 저는 시험을 칠 때 극도로 긴장할 때가 많았어요. 그래서 편안함을 느끼는 제 방에서 나와 일부러 딱딱한 거실 의자에 앉고, 실제 시험과 똑같이 시간제한을 두어 기출문제를 푸는 훈련을 하곤 했습니다. 시간이 모자란다면 푼 곳까지 체크를 해 두고 나중에 점수를 매길 때 시험 시간 내 풀어낸 점수와 전체 점수를 비교했죠. 시간을 줄이기 위해서 이런 훈련을 끊임없이 반복했습니다. 물론 실전만큼의 긴장이 되지는 않겠지만, 이렇게 의도적으로 시험장과 유사한 환경을 만들어 1~2일 전부터 훈련하면 확실히 시험장에서 긴장감이 덜하다는 느낌을 받을 거예요.

> 앞으로 평소 공부는 그대로 하던 곳에서 하되,
> 시험이 가까워지면 꼭 시험장과 최대한 비슷한
> 환경에서 시간제한을 두고 기출문제를 풀어 보는
> 훈련을 하시길 바랍니다.

여기서 하나 드리고 싶은 팁은 시험 시간이 60분이라면, 훈련에서의 제한 시간은 50분이나 55분 정도로 두고 그 시간에 맞추어 보라는 것이에요. 이 경우 실제 시험장에서 일어날 수 있는 돌발 상황 즉 예상치 못한 어려운 문제나 새로운 유형의 문제를 맞닥뜨리는 상황에서 패닉에 빠지는 것을 방지할 수 있습니다. 여러 차례의 훈련을 통해 얻은 5분에서 10분이라는 여유 시간이 있기 때문이죠.


### 방법4. 남들과 비교하지 않으면 긴장하지 않는다

마지막 방법은 저의 친구가 알려주었습니다. 실제로 이 친구는 멘탈이 굉장히 강한 편이어서, 웬만한 상황에서는 긴장을 잘 하지 않고 평정심을 잃지도 않았습니다. 처음에는 이 친구가 타고나기를 원체 긴장을 하지 않아 이렇게 쉽게 말하는 것 같다고 생각했습니다. 하지만 평소 그 친구의 생활 패턴을 곰곰이 생각해 보니 긴장을 하지 않는 이유를 알 것도 같았습니다.

제가 발견한 이 친구의 장점이자, 긴장을 하지 않는데 결정적으로 작용한 평소 생활 습관은 바로 자신과 남들을 비교하지 않는다는 원칙이었습니다. '남과 비교하지 말고 어제의 자신과 비교해서 더 나아져라' 라는 말 많이 들어봤을 거예요. 저 역시도 그렇게 살고자 노력하는 편이지만, 아무래도 사람인지라 주변 환경과 사람들에게 영향을 받을 수밖에 없었습니다. 학창 시절 저는 성적이 크게 올랐을 때 기뻐했던 것보다도 저보다 더 좋은 성적을 받은 친구를 부러워했던 것이 더 기억에 남아요.

그러나 이 친구는 결코 주변으로부터 영향을 받지 않았습니다. 시험을 칠 때도 자신이 배운 것을 얼마나 아는지 확인해본다는 마음가짐으로 시험에 임했고, 그 덕에 긴장을 하지 않았습니다. 시험 칠 때 긴장하고 싶지 않다면, 평소 남과 비교하던 사고 습관부터 서서히 고쳐나가 봅시다. 남보다 잘해야 한다는 부담감이 없으면 훨씬 더 자연스럽게 실력을 발휘할 수 있습니다.


## 긴장하지 않아서 실수한다면

긴장하지 않아서 사소하게 실수하는 타입이라면, 이 부분은 사실 본인만의 방법으로도 해결할 수 있을 거예요. 긴장을 하지 않아서 쉬운 문제를 틀리는 건 반대로 약간의 긴장을 더한 채 시험에 임하면 바로 해결되는 문제이니까요. 매 시험마다 좀 더 진지하게 임해보도록 노력하세요. 앞으로 나에게 다가오는 모든 시험에서 만점을 맞겠다는 다짐을 해보는 건 어떨까요?

저는 어려운 시험이든 쉬운 시험이든 무조건 만점을 맞겠다고 다짐한 후 시험을 봤습니다. 이 목표가 실제로는 달성 불가능하다는 것을 알면서도 말이죠. 이렇게 목표를 항상 만점으로 설정하고 공부를 하거나 시험을 보면 아무리 쉬운 시험이라도 최선을 다해서 볼 수밖에 없고, 최선을 다하는 순간 긴장하지 않아서 생기는 실수란 있을 수 없게 되죠. 스스로에 대한 약속과 그 약속을 지키는 과정에서 생기는 약간의 긴장은 사소한 실수를 줄이는 데 도움이 될 거라고 확신합니다.

마지막으로 이 말을 기억하세요.

사람은 누구나 실수합니다.

사람이라면 누구나 실수를 할 수밖에 없습니다. 살면서 실수를 단 한 번도 하지 않는다면 그것은 사람이 아니라 컴퓨터겠죠. 그러니 실수를 줄이기 위해서 노력하되, 이미 저지른 것들은 대담하게 받아들이세요. 계속해서 실수를 자책해봤자 고통스러울 뿐입니다. 이미 저지른 그 실수가 앞으로 본인이 저지를 수 있는 더 큰 실수를 막아주었다고 생각하세요. 괜찮아요. 실수는 줄여나가면 되는 것입니다.

# 어떻게 쉬어야 할지 모르는 너에게

도키　　파인　　써니

---

휴식이 무서운가요?

멋지게 도로 위를 달리는 자동차도 언젠가 한 번은 연료를 넣어 줘야 합니다. 잠깐의 재정비 시간을 가지지 않으면, 완전히 멈춰버리기 때문이죠. 사람도 마찬가지입니다. 24시간 동안 앉아서 공부만 하는 것은 불가능한 일에 가까워요. 공부라는 트랙 위에서 쉬지 않고 달리고 싶어도 우리는 기계가 아니기에 멈춰 설 수밖에 없습니다. 공부를 해야 한다는 생각은 가득한데, 어느 순간 눈앞에 있는 수많은 글들이 머리에 잘 안 들어오는 경험, 모두들 한 번쯤은 겪어본 적 있을 거예요.

우리의 몸과 마음은 열심히 달리는 만큼 충분한 휴식을 필요로 합니다. 레이스를 이어나가기 위해서는 방전된 에너지를 재충전해야 하기 때문이죠. 그래서 어쩌면 '쉬어가기'는 공부라는 장기전에 뛰어든 당신에게 가장 중요한 것일 수도 있습니다.

## 쉬려면 제대로 쉴 것

공부하는 것만큼 중요한 것이 쉬는 것입니다. 무작정 오래 엉덩이를 붙이고 앉아서 공부하는 게 능사가 아니듯, 쉬는 것도 휴식도 오래 쉰다고 다 좋은 것이 아닙니다. 그렇다고 적게 쉬라는 말도 아니에요. 중요한 것은 잘 쉬는 것입니다. 공부에서 효율성이 중요하다는 말, 한 번쯤은 들어본 적이 있을 겁니다. 다른 사람들이 3시간 동안 해야 할 분량을 1시간 안에 마무리하면 2시간 동안 다른 것을 더 공부할 수 있을 테니까요. 그만큼 효율성은 중요합니다. 휴식도 마찬가지입니다. 휴식을 취할 때에도 밀도 있게 시간을 보내 효율을 높이는 것이 중요해요. 쉬는데 효율성까지 따져야 하나 생각할 수도 있지만, 잘 쉬면 그만큼 쉼에 대한 만족도도 이후 공부할 때의 효율도 훨씬 높아질 수 있습니다. '잘 쉬는 것'이 '잘 공부하는 것'만큼이나 중요하다고 할 수 있죠. 그럼 어떻게 해야 잘 쉬는 것일까요.

밀도 100짜리 휴식을 만들기 위해선 쉬는 것,
그 자체에 집중해야 합니다.

잘 쉬기 위해서는 휴식 그 자체에 몰입할 수 있어야 합니다. 예를 들어 쉬는 시간에 잠깐 눈을 붙이려고 하는데 그날 저녁에 해야 할 것들, 시험에 대한 걱정, 어제 친구와 다툰 것 등등이 머릿속에 떠다니고 있다면 이건 밀도 높은 휴식이라고 할 수 없어요. 10분 동안 쉬어도 불구하고 효율로 따지면 고작 3분 정도의 휴식을 취한 것이나 다름없어요. 이처럼 쉴 때 계속 공부 걱정을 하거나 해야 할 일들에 대한 생각을 떨쳐내지 못한다면 휴식의 밀도가 현저히 떨어질 수밖에 없습니다. 몇 시간을 쉬든 그 시간은 공부도 휴식도 이도 저도 아닌 시간이 돼버리죠. 쉬려고 마음을 먹었으면 온전히 쉼에 집중해서 재충전할 에너지를 얻어야 해요. 그리고 그 이후에 다시 공부에 몰두하면 됩니다.

높은 효율을 위해서는 자신이 보낸, 보내고 있는 그리고 앞으로 보낼 시간을 'OO 하는 시간'이라고 스스로 라벨링 할 수 있어야 합니다. 시간에 이름을 붙이지 못한다면 이도 저도 아닌 특정할 수 없는 것들로 가득 찬 시간을 보낼 가능성이 높기 때문이죠. 적어도 'OO 시간'이라고 스스로 명명한다면 최소한 그 시간만큼은 온전히 그것에 집중하여 효과적으로 보낼 수 있습니다. 예를 들어 '국어 공부 시간'이라고 명명했으면, 국어 공부에 집중하여 내용을 완벽히 익히도록 하고, '잠깐 머리를 식히는 시간'이라고 지정했으면, 그 시간만큼은 자신만의 방식으로 머리를 환기시키는 데 집중하면 되는 것이죠.


## 쉬는 것이 불안할 때

다만 효율적으로 쉬고 싶어도 마음이 너무 불안해서 힘든 사람도 있을 겁니다. 잠깐의 휴식을 취하는 것조차 양심의 가책을 느껴 쉬는 시간 내내 '지금 내가 쉬어도 되는 건가' 하는 생각에 사로잡혀 있는 것이죠. 이런 경우 잠깐만 공부에서 눈을 돌려도 마음이 편해지기는커녕 오히려 부담, 죄책감, 압박감에 시달리게 될 수도 있습니다. 휴식이 스스로에게 독이 되는 것이죠. 쉬는 것 자체가 너무 불안하다면 지금 당장은 공부를 하는 것이 낫습니다. 공부에 어느 정도 시간을 쓴 다음, 스스로 생각하기에 충분하다고 느껴지면 그때 쉬어도 된다는 것이죠. 결론적으로 중요한 것은 이도 저도 아니게 시간을 흘려보내는 것이 제일 어리석은 짓이라는 점입니다.

　지금까지 열심히 읽었다면 분명 당신은 어떤 마음가짐으로 휴식을 취해야 하는지 어느 정도 파악했을 거예요. 그럼 좀 더 구체적으로 들어가서 '언제', '어떻게' 쉬어야 하는지 알아볼게요.

## 공부로 기분전환하기

공부를 하는 주체도 결국 사람이기 때문에 감정적으로 힘든 날, 기분이 안 좋은 날이 있기 마련입니다. 인간관계에서 오는 스트레스로 힘들 수도 있고, 자존감이 떨어지는 일로 좌절할 수도 있으며, 그저 이유 없이 우울할 수도 있습니다. 부정적인 감정과 기분은 공부를 어렵게 만드는 게 사실이죠. 이렇게 기분이 별로일 때, 맛있는 것을 먹거나 잠시 하고 싶었던 것을 하면서 휴식을 취하는 것이 도움이 될 거예요. 그런데 역설적으로 공부 자체가 기분전환의 역할이 될 수 있다는 것을 알고 있나요? 공부 자체가 스트레스인데 그게 무슨 소리냐고 할 수도 있지만, 놀랍게도 공부는 기분을 전환하는 아주 좋은 방법 중 하나가 맞아요. 그럼 대체 공부하면서 쉬는 게 어떻게 가능할까요. 바로 비교적 가볍게 공부할 수 있는 과목을 선정하여 내용을 유쾌하게 가르치시는 인강 선생님의 강의 영상을 찾아보는 겁니다.

한국사 과목을 예로 들어볼게요. 정시를 기준으로 생각했을 때, 한국사는 수능에서 3, 4등급을 받아도 큰 감점이 없는 과목입니다. 그래서 다른 과목에 비해 부담이 적을 수 있죠. 또한 공부해야 할 분량이 적은 편이고, 문제 역시 세세하게 출제되지 않기 때문에 비교적 가벼운 마음으로 공부에 임할 수 있습니다. 특히 이 과목은 다른 과목에 비해 스토리텔링 위주로 강의가 이뤄지는 경우가 많아서 피곤하고 힘들 때 이야기를 들으면 이목이 끌릴 수 있어요. 실제로 선생님께서 과거의 인물을 현재의 드라마에 대입시키거나 본인이 직접 그 인물이 된 것처럼 연기

를 하는 등 생생하게 설명해 주시는 경우가 많아서 더욱 재미
있게 들을 수 있는 과목이기도 합니다. 이렇게 자신이 좋아하는
과목, 부담 없는 과목의 공부를 기분전환에 활용할 수도 있습
니다.


## 몸이 안 좋은 날

마음이 힘든 날에 자신의 기분에 신경을 쓰는 것처럼 몸이 아픈
날 역시 자신의 몸을 돌봐주어야 합니다. 아픈 몸을 이끌고 무리
하게 공부하다가 병을 악화시키는 것만큼 학업에 악영향을 줄
수 있는 것은 없어요. 이런 날일수록 몸이 회복할 수 있는 방식
으로 휴식을 취해주어야 합니다. 증상을 완화하는 약을 먹은 후
잠을 청함으로써 몸이 피로감을 풀 수 있는 시간을 주는 것이
가장 좋아요. 다음 날 회복된 컨디션으로 공부에 다시 임할 수
만 있다면, 그래서 훨씬 효과적이고 효율적인 결과를 낳을 수만
있다면, 잠깐의 휴식은 그 의미를 다했다고 생각합니다. 따라서
쉴 때는 확실히 쉬어주는 것이 필요해요.

　하지만 인간의 몸이 때와 장소를 가려서 병이 나는 것은 아
니죠. 때로는 시험이 얼마 남지 않은 급박한 상황에서 아플 수
도 있습니다. 이럴 때일수록 자신이 지킬 수 있는 만큼의 계획
을 세운 다음 이를 어느 정도 해냈다면 과감하게 일찍 잠에 드
는 것을 추천합니다. 평소보다 공부를 일찍 끝마친다고 생각하
고, 공부량을 줄이는 것이죠. 특히 몸이 안 좋은 날 가장 피해야

할 것은 무리하게 계획을 세우고 효율도 내지 못한 채 붙잡고 있다가 결국 쉬지도 못하고 계획도 못 끝내는 것이에요. 약간 부족하게 느껴져도 할 수 있는 만큼의 공부량을 정해서 빠르게 끝낸 후 마음 편히 쉬는 것이 오히려 자신을 위하는 것입니다.


## 체력 기르기

이렇게 가끔씩 몸이 아픈 것은 일시적인 조치로 해결할 수 있어요. 그러나 주기적으로 혹은 지속적으로 몸이 좋지 않다면, 분명 체력에 문제가 있다는 것을 의미합니다. 체력은 입시라는 장기전에서 살아남는 데 가장 필수적인 것이에요. 따라서 지속적인 컨디션 난조에 시달리는 경우, 잠깐의 휴식을 넘어서 근본적으로 체력을 길러야겠다는 마음을 먹는 것이 필요합니다. 공부만으로도 해야 할 것이 많은데 무언가 더 신경 써야 할 것이 있다는 게 귀찮게 느껴질 수도 있어요. 하지만 목표를 이루기 위해 아무리 열심히 노력했어도 마지막에 자신의 역량을 발휘하지 못한다면 결국 그 노력은 수포로 돌아갈 겁니다. 마지막까지 자신을 지켜줄 수 있는 것이 바로 체력이에요.

　그럼 어떻게 체력을 기를 수 있을까요?  바로 운동이에요. 너무 단순하고 당연한 답변이지만, 운동을 하는 것과 안 하는 것은 수험생활에서 질적으로 큰 차이가 난다는 것을 직접 해보면 알 수 있을 거예요. 학교 체육관에서 배드민턴을 하든 운동장이나 집주변에서 산책을 하든 헬스장에 가서 기구를 활용하여 제대로 운동을 하든 상관없어요. 몸을 움직인다는 것이 중요합니다. 하루 30분 정도 땀을 흘릴 수 있다면 아주 좋지만 그게 어렵다면 산책이라도 해야 합니다. 산책은 힘을 들이지 않고 언제 어디서나 할 수 있다는 점에서 접근하기 좋은 운동이니까요. 산책을 하는 동안 자신이 좋아하는 노래를 듣거나 친구랑 잠깐 통화하면서 스트레스를 해소할 수도 있습니다. 어떤 운동이든 좋으니 시작해 보세요. 몸을 움직임으로써 내 안에 쌓였던 많은 부정적인 것들이 날아가 버린다는 것을 느낄 수 있을 거예요. 운동은 공부하는 우리들에게 최고의 휴식입니다.


## 잠시 쉬고 난 이후에

그렇게 충분히 휴식을 취했으면 자기 자신을 한 발자국 떨어져서 바라봅시다. 유체이탈을 한 것처럼 자신을 제3자처럼 바라보면서 공부 계획의 큰 틀을 파악하는 것이죠. 잠깐의 휴식을 취한 뇌는 내가 지금 어디에 있는지, 어떤 상황에 처해 있는지 그리고 어떻게 해야 하는지를 제대로 인식할 겁니다. 뇌가 다시 작동을 시작했기 때문이죠. 그렇게 나 자신을 직시한 후에 플래너를 다시 정리해 보도록 하세요. 오늘 아침에 하루짜리 계획을 세웠다 하더라도, 한 번 더 검토하면서 내가 세운 계획이 오늘 안에 실현될 수 있는 것이 맞는지, 완수하기에만 급급하여 제대로 공부하지 않고 넘기는 것은 아닌지 판단해야 합니다. 즉 끊임없이 자문하여 자신이 제대로 해낼 수 있는 공부량을 파악한 후 다시 한번 나에게 맞는 계획을 세워보는 겁니다. 그리고 자신의 계획 중 어려운 공부보다는 '단어 외우기' 같은 간단한 계획이나 쉬운 과목의 공부부터 시작해보세요. 쉬운 계획 하나를 완수하고 나면, 다시 전체 공부를 밀고 나갈 수 있는 힘이 생길 것입니다.

## 언제나 나를 위하자

휴식은 결론적으로 나를 위해 꼭 필요한 것입니다. 오랫동안 타오르기 위해서는 자신을 들여다보고, 몸 상태도 챙길 줄 아는 사람이 되어야 해요. 내가 계속 힘을 내기 위해서는 어떻게 해야 할지 생각해보고, 본인이 가장 원하는 방식으로 화끈하게 쉬기를 바랄게요. 언제나 나 자신이 가장 중요하다는 것을 가슴속에 새기고, 나 자신을 잘 토닥여 주면서 이겨내 봅시다.

# 내일이 오지 않기를 바라는 너에게

 나노

당신은 혹시 내일이 오지 않기를 바라나요? 저는 늘 이 질문에 그렇다고 답하는 사람이 없기를 바랍니다. 내일이 오지 않기를 바란다는 건 되게 슬픈 일이잖아요.

하지만 이렇게 말하는 저 역시, 내일이 오지 않기를 바라던 순간들이 있었습니다. 가장 열심히 공부해야 한다는 고등학교 3학년 여름, 저는 원인 모를 우울함에 빠져 아무것도 하지 않는 하루하루를 보내고 있었어요. 억지로 발걸음을 옮겨 독서실을 가고, 도착해서는 멍하니 앉아 있다가, 또 발걸음을 옮겨 집으로 왔습니다. 그리고 매일 밤 침대에 누워서 생각했어요. '나는 대체 왜 사는 걸까? 이 중요한 시기에 공부도 안 하는데. 앞으로도 할 것 같지 않은데……. 이런 나에게 미래가 있을까?' 그래서 내일이 오는 게 너무 무서웠습니다. 내일이 와도 나는 여전히 우울하고 아무것도 하지 않을 텐데, 세상은 오늘보다 더 나아진 나를 바랄 것 같았거든요.

이런 제 이야기에 공감이 되시나요? 혹시 그때의 저와 비슷한 감정을 겪고 계신가요?


## 내 삶은 가치가 있을까?

우울한 학생의 하루는 참 어렵지 않나요. 원래 우울한 사람이 뭔가를 하기는 쉽지 않습니다. 그런데 입시는 사람을 늘 '뭔가를 해야만 하는 존재'로 만듭니다. 공부를 해야 하고, 미래에 대한 고민도 해야 하고, 무엇보다 발전을 해야 하죠. 그러나 우울한 학생은 무언가를 할 힘이 없고, 아무것도 하지 않는 스스로를 점점 더 게으르고 형편없는 사람으로 생각하게 됩니다. 그리고 이런 생각으로 인해 점점 더 우울해지죠. 맞아요, 악순환입니다.

이런 악순환 속에서, 우리는 너무나도 쉽게 "난 쓰레기야.", "아, 죽고 싶다." 따위의 말들을 하곤 합니다. 그리고 때로는 꽤 진심으로 이렇게 생각하기도 하죠. 이런 말들은 자기 자신과 자신의 삶을 가치 없는 것으로 여긴다는 공통점이 있습니다. 악순환 속에서 이 생각은 습관적으로 반복되고, 나중에는 변하지 않는 사실처럼 여겨지기도 합니다. 그리고 학생에게 이 생각은 정말 치명적입니다. 학생의 주된 일과인 공부는 현재보다는 미래를 위한 것이기 때문이죠. 당장 나와 내 삶이 별로 중요하지 않은데 미래가 무슨 의미가 있겠어요. 공부의 동기가 완전히 사라져버리는 겁니다.

당연한 말이지만, 동기가 없는 공부는 효율이 나지 않습니다. 효율이 나지 않는 것을 계속 붙들고 있다 보면 무기력해지기도 쉽죠. 그만큼 자존감은 떨어지게 되고요. 앞에서 말한 악순환은 이런 식으로도 반복됩니다. 문제는 학생 때의 '공부하지 않음'은 기록으로 가차없이 누적된다는 것입니다. 새로 시작하려는 마음을 먹는다 해도, 이런 기록을 보고 있으면 '어차피 안 될 걸.' 하고 의욕이 꺾이기 쉽습니다. 혹은 지금까지의 생활을 후회하고 자책할 수도 있죠. 학생 시절의 우울은 벗어나기가 쉽지 않습니다.

그러나 우울하다고 해서 삶이 끝나야 한다는 법이 어디 있나요. 악순환이 반복된다고 해서 그 고리를 끊어낼 수 없다는 법은 어디 있고요. 비록 오래 걸린다고 하더라도, 작은 시도들이 모이면 이 상황을 바꿀 수 있을 거라 믿어 의심치 않습니다. 우리가 가장 먼저 해야 할 일은 삶의 가치를 다시 생각해보는 것이에요. 그전에 제가 한 가지 질문을 드리겠습니다.

'나는 게으르고 형편없는 사람이야', '나는 쓰레기야',
'죽고 싶어', '어차피 안 될 거야'
같은 이 말들은 전부 변하지 않는 사실인가요?
아주 작은 1%의 가능성이라도 좋으니
'실은 그렇지 않다'고 말할 수는 없나요?

## 우선 오늘을 괜찮게 보내보세요

당장 마인드를 바꿔서 '나는 괜찮은 사람이고 내 인생은 가치 있다.'라고 생각하기는 어렵습니다. 당장 우울하지 않은 사람이 되기도 어렵고요. 하지만 우리 오늘 하루 정도는 괜찮게 보낼 수 있지 않을까요? 적어도 오늘 하루만요.

　가장 먼저, 하루에 하나 정도는 자신이 좋아하는 일을 해봅시다. 남들이 해야 한다는 일 말고 입시 때문에 해야 하는 일 말고 그냥 내가 좋아하는 일 말입니다. 그렇게 일단 내 하루를 살만한 것으로 만드는 겁니다. 정말 중요한 일입니다. 그래야 무기력에서 빠져나올 힘도 생겨요.

> 고등학교 3학년 때 모 아이돌을 정말 좋아했었는
> 데, 점심을 먹은 뒤 약 두 시간은 오로지 그 아이돌만
> 좋아하는 시간을 가졌었습니다.
> 고등학교 3학년이 무슨 아이돌이냐
> 잔소리하는 사람들도 많았지만
> 제겐 삶을 지탱하는 순간들이었어요.
> 아이돌이 아니어도 좋습니다.
> 좋아하는 음식 먹기, 좋아하는 음악 듣기.
> 그게 무엇이든 살아갈 힘이 되는 것들을 놓치지 맙시다.

물론 그렇다고 좋아하는 일만 하고 살라는 뜻은 아닙니다. 그런다고 사람이 꼭 행복해지는 것은 아니거든요. 가령 오늘 하루 아이돌 영상만 보고 공부나 숙제는 하나도 하지 않았다고 가정해봅시다. 그동안에는 행복합니다. 하지만 자기 전에 그대로 남아 있는 공부나 숙제를 보며 자괴감에 빠지게 될지도 모릅니다.

이렇게 되면 '나는 그냥 게으른 사람인가 봐.'라는 생각을 바꿀 수 없습니다. 그렇기 때문에 좋아하는 일을 하고 나서는 생산적인 일을 하는 것이 중요합니다. 당장 하루에 12시간씩 공부하라는 말이 아닙니다. 아침에 10분이라도 일찍 일어난다든가, 적어도 모의고사 한 회는 끝낸다든가 하는 사소한 것부터 시작합시다. 그리고 그 일을 해낼 때마다 "나 오늘은 좀 괜찮았는데?"라고 스스로를 칭찬해줍시다.

이 방법의 포인트는 계속해서 나에게 성공 경험을 주는 겁니

다. 작은 일이라도 무언가를 해낸 경험은 스스로를 긍정적으로 생각하게 하는 계기가 됩니다. 이전에 가졌던 자괴감을 조금씩 벗어가는 거예요. 또는 어제 모의고사 한 회를 끝내는 데 성공했다면 내일은 두 회를 하는 식으로 성공의 크기를 늘려가는 것도 좋은 방법입니다. 같은 것만 반복하다 보면 더이상 그걸 성공이라고 생각하기 어려우니까요.

만약 오늘을 괜찮게 보내지 못했더라도, 너무 낙담하지 마세요. 가끔은 좋아하는 일조차 할 힘이 없을 수도 있고, 사소해 보이는 일도 해내기 어려울 때가 있으니까요. 누구나 그런 때가 있습니다. 그래도 오늘 하루를 괜찮게 살기 위해 마음먹었잖아요. 가끔은 그것만으로도 충분하죠.

## 내일이 오는 게 너무 무서워

오늘을 괜찮게 살았다고 하더라도, 여전히 내일이 오는 것이 무섭고 싫을 수가 있습니다. 이건 부담감과 불안감 때문이라고 생각해요. 우리는 생각보다 많은 부담감을 짊어지고 있습니다. 매일매일 어제보다 더 나은 결과를 내야 한다는 부담, 더 나은 내가 되어야 한다는 부담, 남들의 기대만큼 성공해야 한다는 부담…… 이 부담이 점점 커지다 보면, 결국 삶 자체를 부담스럽게 느끼게 됩니다.

게다가 입시를 하다 보면 미래가 정말 불투명하게 느껴집니다. 열심히 하면 그만큼의 성공이 따른다고는 하지만, 내가 얼마나 열심히 해야 성공할 수 있는지는 아무도 모르죠. 게다가 세상에는 열심히 하는 사람이 얼마나 많은지, 주변에서 들려오는 이야기를 듣다 보면 과연 내가 대학에 갈 수는 있을까 고민도 되고요. 왠지 나는 아무것도 안 한다는 생각이 들 때 혹은 아무리 해도 안 될 것 같다는 생각이 들 때, 그럴 땐 내일이 오는 게 너무 무섭게 느껴집니다. 어차피 암울할 테니까요. 만약 이대로 내 세상이 완전히 멈춘다면 암울한 내일도 오지 않을 테고, 나는 이런 감정을 더 느끼지 않아도 되겠죠.

하지만 당신도 알고 있듯이 내일은 찾아옵니다. 이건 변하지 않는 사실이에요. 그래서 우리는 내일을 두려워하지 않을 방법을 찾아야 합니다. 아주 작은 것이라도 좋습니다. 우선 부담감과 불안감을 줄이는 것부터 시작합시다.


## 내일을 조용히 마주해보세요

미래에 대한 불안감을 줄이기 위해서 세 가지 방법을 써봅시다. 첫째, 우선 과한 생각을 그만두고, 지금 내 상황을 차분하게 바라볼 수 있어야 합니다. 혹시 평소에 입시 관련된 이야기를 많이 찾아보는 편이라면 잠깐 쉬도록 하세요. 과도한 정보는 사람을 오히려 혼란스럽게 만듭니다. 필요한 정보를 잘 찾았다면, 그것만 정리해서 보는 게 더 낫습니다.

둘째, 그래도 불안감이 너무 크다면 믿을 만한 사람에게 이야기를 털어놓는 것도 좋아요. 생각이란 혼자서 하고 있으면 잘 바뀌지 않고 깊어지기 마련입니다. 마찬가지로 불안감도 혼자 가지고 있으면 더 깊어지는 성질이 있답니다. 그리고 내가 가진 불안에 대해 이야기 할 때는, 그것을 덜어줄 정도로 상황을 객관적으로 바라보고 차분한 사람을 찾아가도록 하세요.

　마지막으로 저만의 팁을 하나 알려 드릴게요. 바로 '일기쓰기'에요. 과거에 대한 기록을 남기고 확인하는 것은 미래를 조용히 마주하는 데에도 도움이 됩니다.

저는 중학교 때부터 일기를 썼습니다.
매일 쓰는 건 아니었고, 부정적인 감정을
견디기 힘들 때에만 조금씩 썼어요.
무엇이 힘들고 무엇이 걱정인지를요.
다만 저만의 규칙이 있었는데, 아무리 감정이 격해도
가능한 한 담백하고 일반적인 문장으로 썼습니다.
가령 오늘 시험을 망쳐서 등급이 떨어질까 걱정이라면
딱 '오늘 시험을 봤다. 00점이 나왔다.
혹시 등급이 떨어지진 않을까? 무섭다.'
정도로만 적었습니다.
사실 눈물이 날 것만 같고 스스로가 한심했지만
그런 내용을 적지는 않았어요.

> 그리고 가끔 전과 같은 이유로 힘이 들 때,
> 과거에 적었던 일기를 다시 꺼내 읽었어요.
> 의외로 제가 얼마나 힘들었는지, 저 문제가
> 그 당시 얼마나 심각했는지는 기억이 잘 나지
> 않더라고요. 제가 일기를 보며 알 수 있었던
> 사실은 과거의 저도 비슷한 불안을 겪었지만
> 결국 잘 살아왔다는 점이었습니다.
> 아무리 불안해도 그 일기를 보고 있으면
> 앞으로도 괜찮겠다는 생각이 들었어요.

이렇게 내 상황을 차분히 바라보다 보면 사실 미래가 그렇게 불안하지만은 않다는 것을 알게 될 것입니다. 그리고 내가 어쨌든 전보다는 성장했다는 사실을 알게 될 수도 있겠죠. 이 사실을 아는 것만으로도 꽤 마음이 편해지고, 내일이 전만큼 무섭지는 않을 것입니다. 마음이 편해지는 게 아니라 해이해지는 것 아니냐고요? 그래도 완전히 멈춰버리는 것보다는 내 속도대로 천천히 걸어가는 게 더 낫죠. 동기는 이런 부정적인 감정 말고 다른 데서 찾는 것이 훨씬 건강하답니다.

그리고 이것을 잊지 맙시다. 설령 오늘 어제보다 좋은 결과를 내지 못했더라도, 더 나아지지 못했더라도 그게 꼭 후퇴를 의미하는 건 아닙니다. 어쨌든 오늘의 경험이 당신에게 남아 있잖아요. 그 경험으로 내일을 살아갑시다. 그것도 하나의 성장이에요.

## 내일이 오지 않기를 바라는 당신에게

사실 이렇게 말하는 저도 우울함을 완전히 이겨냈다고 말하기는 어렵습니다. 여전히 가끔 이유 모를 우울함을 느끼고, 그렇다고 아무것도 안 하자니 더 우울해지곤 해요. 미래에 대한 불안도 완전히 극복하지는 못했고, 여전히 부담감도 심하게 느낍니다. 가끔은 우울한 학생이 자라서 우울한 취준생이 되었다는 생각이 들 때도 있어요. 그래도 저는 이제 절망하지 않아요. 겉보기에는 어떨지 몰라도, 오늘 하루는 분명 이전과는 다릅니다. 이전의 내가 살아왔던 날들이 있으니까요. 어떻게든 오늘을 괜찮게 살아보려 노력했고, 무서워도 내일을 맞아보려 노력했습니다. 그날들을 생각하며 또 오늘을 살아야겠다고 생각합니다. 힘들어했던 그때의 나에게 위안을 받고 또 그때의 나에게 보답하려고 합니다. 어쩌면 가장 힘들었던 고등학교 3학년 여름이 지금까지 저를 살려온 것이죠.

내일이 오지 않기를 바라는 당신에게, 내일은 당신을 기다리고 있다고 말하고 싶습니다. 살다 보니 미래엔 제 생각보다 좋은 일이 많더군요. 생각했던 것보다 좋은 사람을 만났고, 좋은 곳에 갔고, 좋은 글을 읽었습니다. 겁내지 맙시다. 당신의 생각보다 더 좋은 일이 있을 거예요. 그러니까 우리 같이 내일로 나아가요.

## '공부가 힘든 너를 위해'
## 첫 번째 이야기를 마무리하며

☑ 그냥 하기

☑ 시험 끝나고 울어도 된다

☑ 서울대 선배들도 시험 때 많은 실수를 했다

☑ 그러나 실수를 줄이는 법은 있다

☑ 쉴 때는 화끈하게 쉬기

☑ 운동하기

또 한 가지의 팁을 줄게. 바로 '완벽주의'를 버리는 일이야.

## 완벽주의 버리기

혹시 일단 한 번 하면 완벽하게 해야 할 것 같아서, 시작 자체를 두려워해본 적 있어? 참 아이러니하지만, 의외로 이런 문제로 공부를 힘들어 하는 사람들이 많아. 기준은 높고, 그 기준을 달성하지 못할 것 같으니 스트레스를 받고. 나중에는 공부 자체를 포기하게 되는 것이지. 이런 문제에 대해 '쏴쏴' 멘토는 다음과 같이 이야기했어.

"공부를 시작할 때 반드시 해야 할 것은, 완벽하게 해내겠다는 생각을 버리는 것입니다. 무언가를 시작하는 것이 두려운 사람들은 대부분 완벽주의자인 경우가 많아요. 스스로 완벽하게 해내야 한다는 압박감이 있기 때문에 차라리 완벽하게 포기해버리는 경우가 많습니다. 저도 게으른 완벽주의자로서 같은 어려움을 겪었어요. 빼곡하게 계획을 세워두고 미루다가 결국 직전에 가서 모든 것을 놓아버리는 타입이었죠.

하지만 사실 완벽주의만큼 공부에 해로운 자세는 없습니다. 저는 게으른 완벽주의를 극복하기 위해서 80%까지는 하고, 그다음에는 되는대로 하자로 목표를 바꾸었어요. 그랬더니 오히려 더 많은 양의 공부를 하게 되었죠. 예를 들어 수학 문제를 30개 푸는 것을 계획으로 세웠으면, 딱 20개 정도만 풀고 덮는 식이었습니다. 대신 20개를 풀 때만큼은 이를 악물고 덤볐고, 나머지 10문제를 못 푼 것에 대해서는 자책하기보다 반 이상이나 했으니 되었다는 식으로 타협을 했습니다. 타협을 한다는 게 언뜻 보면 좋지 않은 것처럼 느껴질 수 있지만, 저는 할 수 없을 것 같으면 포기하는 성격이었기에 오히려 '반이라도' 해냈다는 결과는 효과적이었습니다.

이 외에도 공부량을 최대한 쪼갰습니다. 30문제라면 10문제를 3번에 나눠서 풀고, 강의 1개라면 2-3번에 나누어 듣는 식이었죠. 한꺼번에 몰아서 몇 시간씩 공부하는 것보다 매일 조금씩 나눠서 반복적으로 공부하는 것이 성적 향상에 더 도움이 되었습니다. 그렇게 목표치가 낮아지니 달성에 대한 압박감도 줄어들었고, 반복을 통해 자연스레 실천하는 날이 늘어나면서 공부 습관이 확고하게 잡혔죠. 일명 '공부 체력'을 기르게 된 것입니다. 그러니 혹시 자신이 완벽주의를 추구한다면, 마음을 조금은 내려놓고 일단 시작부터 해보세요. 시작이 반입니다."

사실 아무리 완벽을 추구한다고 해도, 아예 시작하지 않으면 무슨 의미가 있겠어. '쏴쏴' 멘토의 말대로 시작이 반인데 말이야. 그러니 혹시 앞서 말한 것과 같은 문제를 가지고 있다면, 자신의 기준을 낮춰서라도 일단 공부를 하도록 해! 적절한 공부 습관이 잡히고 나면 높은 기준을 만족시키는 것도 불가능한 일은 아닐 거야.

# CHAPTER 2
## 인간관계가 어려워요

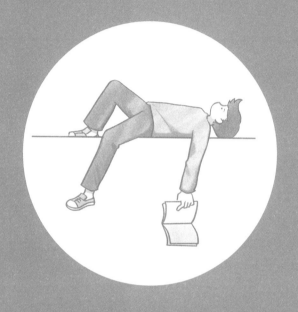

"저는 항상 제가 혼자라는 느낌을 받아요.
주변에 사람이 없는 것도 아니거든요? 같이 밥을 먹는 친구들도 있고,
톡방에서 얘기하면 맞장구쳐주는 친구들도 있고,
집에 가면 가족들이 있어요.
그렇지만 가끔 찾아오는 공허감이라고 할까요?
어차피 세상을 견뎌내야 하는 건
나 혼자라는 생각에 빠져서 외로워져요."

# 인간관계 속에서 흔들리는 너에게

 조조

## 관계의 시작은 나로부터 온다

청소년기는 일생 중 가장 자존감이 낮은 시기라고 합니다. 그래서 무리 집단을 놓을 수가 없다 보니 계속해서 무리에 속하고 또 의지하는 것을 반복합니다. 이땐 친구들이 가장 중요하거든요. 그런데 친구 관계든 부모님과의 관계든 인간관계는 정말 힘들어요. 그렇죠? 사실 힘들다기보다는 자꾸 걱정된다는 게 더 맞을지도 모르겠네요. 인간관계에 있어서 내가 느끼고 있는 문제가 옳은지 그른지도 잘 모르겠다는 것도 문제인 것 같아요. 누군가는 잘 지내지 못하고 있다고 생각해 힘들어하고, 누군가는 사람들과 잘 지내는 것 같은데 막상 속을 알고 보면 또 아닌 것 같아서 힘들어하고요.

모든 관계는 미묘하고 어렵습니다. 그러나 어렵다고 해서 부정적인 감정이 들지 않도록 조금 상황을 바꿔나가 볼까요? 지금이야 어떻게 되었든, 앞으로 더 나아지는 것이 중요하니까요. 우리가 힘들어하지 않기 위해서, 인간관계에 대해 좀 더 본질적으로 이해할 필요가 있어요. 오늘은 조금은 철학적인 이야기를 해야 할 것 같아요.

### '과제의 분리', '매력적인 사람이란'

심리학의 3대 거장 중 한 명인 오스트리아의 알프레드 아들러는 '과제의 분리'라는 단어를 통해 인간관계 해결의 실마리를 언급했어요. 구체적인 이야기를 시작하기 전에, 당신이 고민하고 있는 이것이 '진정 누구의 고민인가?'를 고민해 보면 좋을 것 같아요. 그리고 우리는 과연 누구에게 매력을 느끼는지에 대해서도요. 이것들을 종합해서 우리 함께 이 힘든 상황에서 변화를 만들어보도록 합시다.

본격적인 이야기를 시작하기 전에 복잡한 생각을 잠깐 털어내고, 질문에 답해봅시다.

우리는 누구의 고민에서 허덕이고 있는가?
우리는 어떤 사람을 매력적으로 생각하는가?

질문이 조금 어렵진 않았나요? 내 고민인데 갑자기 누구의 고민인지를 묻고 있으니 어려워요. 어떤 사람이 매력적인지가 지금의 인간관계에 대한 고민과 무슨 관련이 있는지도 모르겠고요.

자, 우리는 사회라는 곳에서 살고 있어요. 우리는 홀로 살아가지 않고 다른 사람과 함께 부대끼며 살아가고 있잖아요. 그런데 아무도 내게 관심을 주지 않으면 어떻게 될까요? 사회 속에서 내가 어떤 행위를 했는데, 아무런 반응이 없다면 아무래도 마음이 아프지 않을까요? 나를 알아봐 주지 못하고 또 무시당하는 것 같으니까요. 그렇죠? 그러나 그러면 안됩니다. 우리는 초연해져야 합니다. 말도 안 되는 소리라고요? 어떻게 그럴 수 있냐고요? 우리 다음의 이야기를 살펴보도록 합시다.

ⅰ. 학교에 내가 좋아하는 친한 친구가 있다. 요새 약간 서먹해졌는데, 우린 원래 친했었으니 사이를 좋게 만들어보고자 친구에게 갖은 노력을 해봤다. 일부러 말도 많이 걸고, 선물도 주고. 그런데 반응이 영 시큰둥하다. '너, 내가 너를 위해 이만큼 해줬는데 너는 왜 이 정도도 안 해주는 거야?'

2. 나는 한 아이의 엄마다. 딸의 미래를 위해서라도 시험을 잘 봐서 대학에 잘 가야 하는데, 딸이 공부를 요즘 많이 하지 않아 걱정이다. 공부를 좀 하라고 잔소리를 했더니 딸이 스트레스를 받았는지 크게 싸웠다. 이게 나를 위한 것도 아니고 다 자식 잘되라고 딸을 위해서 한 말인데 왜 화를 내는지 모르겠다.

## 우리의 바람은 누구의 과제인가요

어때요? 위의 두 예시가 다르다고 생각하나요? 학생으로서 친구를 볼 때와 엄마로서 자식을 볼 때 감정이입을 다르게 할 수도 있겠지만, 저는 본질적으로 같다고 봅니다. 각자의 과제를 구분하지 못하고 침해하려 했다는 공통점이 있죠. 아까부터 과제라는 말을 반복해서 이야기하고 있는데 대체 과제가 무엇이냐고요? '과제'가 무엇인지, 그리고 그 과제가 '누구'의 과제인지 쉽게 알아보기 위해서는 어떠한 일에 대해 최종적으로 누가 책임을 지는지를 살펴보면 쉽습니다.

친구가 나를 좋아하는 것은 내가 개입할 수 있는 일이 아니고, 딸이 공부하는 것 역시 엄마가 개입할 수 있는 일이 아닙니다. 타인의 과제에 개입하려 하고, 마음처럼 이루어지지 않았을 때 힘들어하는 것은 바람직하지 않죠. 이렇게 우리는 각자의 과제를 구분해야 합니다. 이걸 아들러는 '과제의 분리'라고 일컬습니다.

이 과제의 분리라는 것은 사실 인간관계에 대한 모든 고민의 핵심이에요. 그것도 핵심 중의 핵심이라고 할 수 있죠! 아들러는 "인간의 모든 고민은 관계에서 비롯된다" 라고 말하며 그 해법을 '과제의 분리'로 제시하고 있어요. 여러분이 모든 고민을 해결하기 위해서는 반드시 '과제의 분리'를 해야만 해요. 당연한 말이지만, 사람 사이의 관계라는 것은 나와 내가 아닌 둘 사이에서 생기게 돼요. 한 사람이 다른 사람에 대해서 호감을 나타내거나 혹은 그 반대일 수 있겠죠.

> 그렇지만 타인의 그 판단과 생각은
> 내가 개입할 수 없는 것이기에 나의 과제가 아니고,
> 그저 타인의 생각일 뿐이에요.

나 아닌 사람의 마음은 내가 바꿀 수도 없고, 바꾸려고 해서도 안 됩니다. 하물며 바꾸지 못하는 것을 바꾸려 하다가 그것에 마음 아파하는 것은 더 의미 없는 일이죠.


## 타인의 욕망과 나의 욕망을 분리하세요

프랑스의 정신분석학자인 자크 라캉은 '인간은 타인의 욕망을 욕망한다'고 말했습니다. 예를 들어 "심리학자가 되겠어!"라며

심리학자가 되길 원하는 사람은 사실 심리학자를 다른 사람이 멋있게 바라보기 때문에 그것을 진정 원하지 않음에도 추구하게 된다는 거죠. 나는 내가 원하는 욕망으로 나의 삶을 살아가는 것이 아니라, 타인이 원하는 것을 보고 배워 그것을 원한다는 뜻입니다.

타인의 욕망을 욕망하는 것이 무엇이 문제일까요. 문제가 되지 않을 수도 있습니다. 그러나 지금 인간관계 때문에 고민하는 것처럼, 타인의 욕망 때문에 당신이 '힘들어' 한다면 당신의 어떤 욕망이 억압되고 있다는 뜻이므로 언젠가 문제가 될 수도 있습니다. 그러니까 당신은 자신의 욕망을 찾아야만 합니다. 그게 가장 중요해요.

그렇기에 역설적으로 우리는 타인과의 관계에 있어서 타인의 영향을 받아서는 안 됩니다. 타인보다 중요한 건 '나'. 나는 나로서 존재해야 한다는 것입니다. 타인의 욕망을 욕망하지 않고, 내 욕망으로 살아가야 합니다. 즉 스스로 타인에게 인정받고 싶다는 '인정 욕구'를 버려야 합니다. 인간관계에 있어서 타인이 나를 어떻게 생각하든 그건 그 사람의 과제이지 내 몫은 아니라고 했죠? 다른 사람의 생각이나 감정까지 굳이 내 것으로 끌어들여와 괴로워하지 맙시다. '미움 받을 용기'라는 말을 들어봤나요? 남에게 미움 받는 것을 두려워하지 마세요. 그 사람에게도 판단하고 생각할 자유를 주세요. 우리도 자유롭게 자신의 인생을 살면 됩니다.

그럼 나의 욕망은 무엇인가. 나로서 살기 위한 주체성은 어디서 찾나. 그래서 라캉은 다시 말합니다. 자신의 욕망이 진실로 자신이 원하는 것인지 알기 위해서 '주체로 다시 태어나야 한다'고요. 아니 라캉 아저씨… 뭐라고요?

나로서 살아가기 위해서, 다시 태어나라고요!

'다시 태어나라니, 장난이 너무 심한 거 아닌가?'하는 생각이 들고 무슨 소리인지 모르겠지만 우리, 이렇게 해야만 합니다. 주체로 다시 태어나는 것이 무엇인지 생각해보죠. 주체, 우리가 우리의 모든 것을 선택할 수 있는 주인으로 태어나야 한다는 것이에요. 생각해보아요. 지금 주인으로 살고 있나요? 우리는 타인의 기대를 충족시키기 위해 사는 것이 아니에요. 부모님도 친구도 선생님도 나에게 소중한 관계이지만 그들의 기대를 충족시키기 위해 내가 존재하는 것은 아닙니다. 다시 한번 나는 나로서 존재하는 것입니다. 라캉이 말한 주체성을 획득할 수 있게 온전한 나로서 존재하는 사람으로 다시 태어나야 해요.

## 매력적인 사람이 되면 됩니다

그럼 최종적으로는 어떻게 살아가는 것이 좋을까요? 이 질문에 대한 정답은 바로… 매력적인 사람으로 살아가야 한다는 것입니다. 갑자기 뜬금없이 무슨 매력이냐고요? 나랑 관련 없는 것 같은 매력이라는 이 단어가 대체 왜 중요한지, 지금부터 알아볼게요.

당신은 인싸가 되고 싶나요, 아싸가 되고 싶나요?

갑자기 왜 인싸, 아싸 타령이냐고요? 아싸가 뭔데, 함께 지내지 못하면 아싸인가? 사실 저는 이런 이분법적인 표현을 딱히 좋아하지는 않지만, 어찌 됐든 인싸와 아싸라는 단어는 우리들 사이에서 흔히 사용되는 표현이긴 하죠. 지금부터는 '관계'라는 주제에 대해 생각하기 쉽도록, 예시를 한번 들어보려고 해요. 그러니 조금 불편한 표현일지라도 잠시만 인싸, 아싸 이야기를 좀 해볼게요.

인싸는 인사이더(Insider)의 준말입니다. 이와 달리 관계 집단의 밖을 겉도는 사람들을 아웃사이더(Outsider), 아싸라고 하고요. 물론 이 표현들은 어떤 명확한 정의가 있는 단어는 아니에요. 이걸 만족하면 인싸다, 이걸 못하면 아싸다 하는 구분은 따로 없는 거죠. 같은 단어를 쓴다고 해도 서로가 생각하는 단어들의 이미지가 다르기도 할 것이고요.

이미지가 다르더라도, 인싸는 뭔가 긍정적이고 아싸는 뭔가 부정적인 느낌이 들죠. 누군가는 이 인상에 반대할 수도 있겠지만, 이미 다양한 미디어에서 '인싸'에 긍정적인 성격을 부여하고 있고 우리는 그 이미지를 자연스럽게 답습하고 있어요. 그러다 보니 우리는 다들 인싸가 되고 싶어 하기 마련이에요. 아니라고요? 당장 둘 중 하나를 선택하라고 하면 우리의 답은 정해져있지 않나요. 내가 인싸가 되는 것은 딱히 바라지 않는다고 하더라도, 막상 내가 친해지고 싶은 저 사람이 인싸이면 좋을지, 아싸이면 좋을지 어느 쪽이 더 낫냐고 물어본다면 역시 답은 한 가지일 거예요. 그렇게 일단 우리가 원하는 인간상의 이상향을 '인싸'라고 해보자고 할게요. 인싸인 그 사람은 어디서 그 인싸의 향기가 나는 걸까요? 저는 '자유'와 '여유'라고 생각해요. 그 둘을 가지고 있는 사람을 같이 떠올려볼까요?

공부하는 데 남들처럼 힘들어하지 않고, 하고 싶은 것들을 다 하고, 본인의 색깔이 뚜렷합니다. 원래 140점 맞을 실력이 있어서 컨디션이 좋지 않으면 100점을 맞습니다. 재수 없을 법한데 사람들은 그 주변에 많이 모여 있고 인기가 많네요. 그렇다고 관계 그 자체에 집착하거나 남들에게 구질구질하게 굴지 않고 자신에게 집중하는 것 같아요. 자유롭고 여유로운 사람은 이렇듯 강력하고 그래서 매력적입니다. 어때요? 나의 자유와 여유가 모든 인간관계의 해법이 된다는 것. 내가 매력적인 사람이 되면 또한 어떤 평가에도 흔들리지 않고 인간관계를 걱정하지 않아도 된다는 것. 역설적이지만 사실이에요.

## 위버멘쉬 파티

마지막으로 당신에게 니체의 말을 빌려 이런 말을 해줄게요.

자유를 위하여 위버멘쉬(Übermensch)가 되어라.

인정받고 싶게 되면 타인의 니즈에 맞게 살게 되며, 자유롭지 못하게 되니 '인정욕구를 버려야 한다'는 말입니다. 라캉이 말했던 것처럼 타인의 욕망을 욕망하지 말고, 자신의 욕망대로 살아야 해요. 우린 언제나 불완전한 상황을 살아갈 거예요. 여러분들이 지금 힘들어하는 인간관계에서도, 앞으로 살아가며 수없이 마주할 많은 고난과 역경에서도, 헤쳐 나가야 할 나만의 기준과 원칙이 없다면 매번 흔들릴 수밖에 없습니다. 본인이 원하는 삶을 살기 위해서 빠르고 단호하고 강력하게 사는 것. 그것이 매력이자 우리가 원하는 삶이에요.

'위버멘쉬 파티', 이 파티의 주인공은 당신입니다. 매력적인 사람이 되어 인생이라는 신나는 파티 속에서 즐기고 있는 당신이 되길 바랄게요. 남의 눈치 따윈 보지 않으며 신나게 춤을 추며 행복해하는 당신과 내가 만날 수 있길 바랍니다. 위버멘쉬끼리, 매력적인 사람끼리 꼭 우리 나중에 만나요!

# 뛰어난 친구들 사이에 있는 너에게

 치즈

분명 잘 해오고 있다고 생각했는데, 시간이 지날수록 스스로가 아무것도 아니었다는 생각이 들 때가 있습니다. 항상 자신감이 넘쳤던 저 역시 고등학교 시절 주위 환경에 영향을 받아 자존감이 바닥을 치고 우울감에 빠지게 된 경험이 있어요. 특목고에서 다방면으로 뛰어난 친구들과 함께 지내며 나 자신을 친구들과 비교했고, 그 과정에서 심한 좌절감을 느꼈죠.

하지만 저는 여러 가지 시도를 통해 그런 치열한 환경 속에서도 자기 자신에게 더 집중하는 법을 익혔고, 저를 힘들게 했던 주위 환경으로부터 오히려 이점을 취하는 방법에 대해 알게 되었습니다. 물론 저의 부정적인 마음가짐이 하루아침에 바뀔 수 있었던 것은 아니지만, 그것을 바꾸는 방법은 그렇게 어렵지 않았던 것 같아요.


## 멘토의 학창시절

저는 서울에 있는 4대 외고 중 한 곳인 M 외고에서 3년간 기숙사 생활을 했습니다. 제가 다닌 고등학교에는 정말 대단한 친구들이 많이 있었어요. 저도 중학교에서 공부를 잘하는 편이었기 때문에 특목고에 진학할 수 있었던 것이지만, 고등학교 입학 후에 만난 친구들은 차원이 다르다고 느껴지는 경우가 많았습니다.

　고등학교 입학 전부터 TOEFL이나 TEPS 같은 영어 인증시험에서 만점에 가까운 고득점을 받았던 친구들도 많았고, 출신 중학교에서 전교 1등을 했던 건 기본이요, 그와 동시에 전교 회장까지도 했던 케이스가 흔했습니다. 심지어 다들 수업 시간에 발표 한번을 할 때도 넋을 놓고 보게 되는 멋진 프레젠테이션을 쉽게 진행해버리는 수준이었답니다. 이미 이렇게 훌륭한 친구들임에도 또 어찌나 공부를 열심히 하는지, 고등학교 3년간 학교 친구들과 기숙사 생활을 하며 종일 붙어있는 동안 저도 모르게 그들과 저를 비교하며 자신감을 잃어ㅈ가고 있었습니다.

　한번은 이런 일이 있었어요. 원어민 선생님께서 들어오시는 영어 스피킹 수업 시간에 저는 선생님의 질문에 대해 손을 들고 대답을 했습니다. 그리고 제 다음 순서에 친구가 똑같은 질문에 대한 발표를 하는데, 그 답변의 수준이 저와 확연히 차이가 난다고 느낄 정도로 훌륭했죠. 영어를 못한다고 생각해본 적 없는 저였지만, 외국에서 오랜 시간 살다 온 친구 앞에서는 한없이 작아지는 느낌이었습니다. 순간 너무 부끄러워 저를 보고 있는 수십 개의 눈동자가 비웃음의 눈빛으로 느껴졌어요. 수업 시간마다 이런 일이 반복되니 점점 위축되어 발표하기가 두려워지고, 자신감은 떨어져 갔습니다.

> 하지만 어느 순간 문득 저는 나 자신을 힘들게 하는 것은
> 결국 '나 자신의 생각'이라는 것을 깨달았어요.
> 혼자 남들과 비교하고 힘들어하는 시간조차 아깝다는
> 생각이 든 순간, 저는 차라리 저는 그 시간에
> 나 자신에 더 집중하고, 나를 위한 응원을 해주자는
> 생각에 이르게 되었습니다.

결과적으로 저는 여러 가지 시도를 통해 그런 치열한 환경 속에서도 자기 자신을 다독이는 법을 익혔어요. 뿐만 아니라 똑똑한 친구들이 많은 환경에서 최대한 이점을 취하는 방법을 터득했답니다.

## 나만의 강점 찾기

잘난 친구들 사이에서 기죽지 않고 해야 할 일을 열심히 해나가기 위해서는 자신감이라는 연료가 필요합니다. 하지만 자신감은 하루아침에 생기는 게 아니에요. 저는 자신감을 기르기 위해 제가 가진 장점과 강점을 찾아보려고 했습니다. 당신도 자신이 가진 장점을 한 번 찾아보시길 바랍니다. 학업 측면의 강점, 성격적인 장점, 모두 상관없습니다. 스스로에게 있어 '이건 참 잘한다!', '이런 모습만큼은 정말 멋지다!' 싶은 것들을 찾아서 스스로를 끊임없이 칭찬해주어야 해요.

예를 들어 저는 중국어 과목을 참 좋아했는데, 중국어를 유창하게 말하는 스스로의 모습이 꽤 멋지다고 일부러 더 되뇌었던 경험이 있습니다. 스스로 칭찬을 해주려니 조금 민망한 부분이 있었지만, 자신의 정체성을 만들고 자신감을 기르는 데에 정말 큰 도움이 되었어요.

장점이 없는 사람은 없습니다. 아주 사소한 것이라도 좋으니 스스로가 잘하는 것, 열정을 가질 수 있는 것에 대해 탐색해보고 자기 자신에게 많은 칭찬을 해주는 것이 정말 중요해요. 남들은 나에게 관심이 많지 않거든요. 셀프로 나 자신을 부지런히 칭찬해야 합니다!

## 소소한 목표 달성

목표를 세워 하나씩 달성하는 과정을 통해 자신감을 기르는 것도 필요해요. 거대하고 장기적인 목표여도 좋고, 사소한 단기목표도 좋습니다. 그게 무엇이든 열심히 목표를 이뤄가는 스스로의 모습이 대견하게 느껴질 겁니다. 그 과정에서 성취감을 느끼며 자신감을 되찾을 수 있는 것은 물론 나도 몰랐던 새로운 흥미와 적성을 찾게 될 수도 있으니 1석 2조의 효과가 있어요.

실제로 저는 면학 시간 이후 '매일 일정 시간 운동하기', '점호 이후 30분간 독서하기' 등 작은 계획을 세워 매일 실천해 나갔습니다. '기말고사에서 영어 과목 2등급 이상 맞기', '말하기 수행평가 점수로 반에서 3위 안으로 들어와 보기' 등 학업과 관련된 목표도 세워보았죠. 이런 목표를 세워두니 삶에 활력이 생겼습니다. 그것들을 이루고자 하는 의지가 저를 움직이게 했거든요. 여러분도 여러분만의 목표를 하나 세워보는 것이 어떤가요?

이때 목표는 남들이 하는 것을 따라 세운 것이 아니라 자신이 직접 세운 목표여야 합니다. 그리고 너무 허황된 목표를 세우지 않는 것이 중요합니다. 만약 목표를 세워놓고 마냥 '먼 나라 남의 나라' 같은 이야기로 보인다면 오히려 움직이기가 어려울 테니까요. 내 손에 잡힐 만한 목표 하나가 우리를 움직이게 하는 법이랍니다.

## 친구들을 보고 배우자

자신감을 잃다 보면 괜히 친구들을 미워하는 마음이 생길 수도 있습니다. 이건 어쩌면 자연스러운 겁니다. 하지만 이 감정 때문에 친구와 싸우게 된다면 큰 손해겠죠. 친구와 싸우지 않더라도 이런 마음은 자기 자신에게 자괴감으로 되돌아오곤 합니다. 그러니 우선 친구와 자신을 비교하는 것을 그만두고, 상황을 조금 다른 시각으로 바라볼 필요가 있답니다.

주위에 똑똑하고 야무진 친구들이 많은 건 사실 엄청난 장점입니다. 친구들은 저에게 그 어떤 선생님보다 많은 것들을 알려줄 수 있는 일타강사가 될 수도 있고, 좋은 경쟁자로서 적당한 긴장감을 주는 존재가 될 수도 있으니까요. 친구들을 통해 배울 수 있는 것들은 정말 무궁무진하답니다.

제 경우 선생님들이 가르쳐주었을 때 와 닿지 못했던 내용도, 친구들이 알려주면 더욱 이해가 잘 될 때가 많았습니다. 친구들과 저는 같은 수업을 듣는 학생의 입장이기 때문에 제가 어렵다고 생각하는 포인트에 대해 그들이 더 알기 쉽게 설명해줄 수 있었거든요. 또한 친구들의 설명을 들으면 '친구가 이해했다면 나도 당연히 이해할 수 있다'라는 마음이 생겨 더욱 집중해서 공부하게 되기도 했습니다.

저는 과목별로 그 과목을 가장 잘하는 친구에게 공부법을 물어보고 그들의 공부 습관, 학습 태도 중 배울 만한 점들을 따라 해 보면서 '아, 이런 식으로 공부하면 더 효율적일 수 있겠구나!'라는 생각을 많이 했습니다. 친구들과 함께 스터디를 꾸려

103

더욱더 열심히 공부할 수밖에 없는 환경을 만들고, 정신이 해이해지는 것을 방지하기도 했어요. 또한 과제들을 수행할 때는 항상 'WWTD?(What Would They Do?)'를 생각했습니다.

## 'WWTD'의 자세

> What would ~ do?(WW~D)는
> '이러한 상황에 닥친 사람이라면
> 과연 어떻게 행동할까?'라는
> 생각을 해보는 문구로, 실제
> What Would Jesus Do?(WWJD),
> What Would Madonna Do?(WWMD)
> 등으로 다양하게 변형되어 쓰이고 있습니다.
> 어떤 행동을 할 때 자신이 배움을
> 얻을 수 있는 대상을 상기시킴으로써
> 그들이 가질법한 태도와 마음가짐을
> 본인에게 투영하기 위한 문구이죠.

저는 이 문구를 저의 상황에 대입하여 'WWTD(What Would They Do)'로 변형한 뒤 활용했습니다. WWTD란 '그들(다른 친구들)은 과연 어떻게 할까'에 대해 고민해보는 것을 뜻합니다.

저는 저보다 항상 한 단계 위의 준비를 하는 친구들이 과연 어떻게 이 과제를 수행해낼지를 생각하며 더욱 철저하게, 최대의 결과를 이끌어낼 수 있게 준비하려고 노력했습니다. 다른 친구들을 과도하게 의식하며 견제하라는 것이 아닙니다. 스스로의 부족한 점을 인식하고 다른 좋은 예시들을 보며 자신을 발전시키려 노력하라는 뜻입니다. 모르는 것이 있다면 친구들에게 질문도 하고요. 조언을 구하는 것을 두려워하지 않기를 바랍니다.

제 친구들은 정말 배울 점이 많은 친구들이었습니다. 대학생이 된 지금도 고등학교 시절 그런 뛰어난 친구들과 함께 공부하고 성장할 수 있었음에 감사하다고 느낄 정도입니다. 그때 반 친구들을 보고 배운 학업에 대한 태도, 삶의 가치관 등은 지금의 저에게도 끊임없는 도움을 주고 있어요. 친구들과 상생하며 서로가 서로에게 최고의 시너지를 낼 수 있는 존재가 되어 보시기를 추천합니다.

주변에 대단한 사람이 많아서 주눅이 들어도 어쩌겠습니까. 피할 수 없다면 즐겨야지요. 주어진 환경을 최대한 긍정적으로 활용해봅시다. 뛰어난 친구들을 그냥 인정해 주세요. 그러나 그 안에서 나만이 가질 수 있는 강점이 있다는 것도 인정해야 합니다, 소소한 목표를 세워 하나씩 이뤄나가 보고, 주변 친구들을 보고 건강한 자극을 받으며 서로를 통해 하나하나 배워 나가보세요. 생각보다 친구들에게 얻을 수 있는 것들이 무궁무진하답니다. 지나보면 그런 뛰어난 친구가 있어서 내가 얼마나 성장할 수 있었는지 그 친구가 고맙게 느껴질 겁니다.

## 비교하지 맙시다

마지막으로 제가 다시 한번 강조하고 싶은 것은, 절대 남들과 자신을 비교하지 말라는 것입니다. 우리를 가장 불행하게 만드는 것이 비교입니다. 무의미한 비교를 하며 스스로를 깎아내리는 행동을 시작하면 정말 끝도 없이 힘들어집니다. 지금까지 계속 남과 나를 비교하며 나를 깎아내리고, 또 나도 모르게 상대의 흠을 찾고 있지는 않았나요? 그렇게 아무런 이득이 없고 괴롭기만 한 '비교 작업'을 이제 내려놓자고요. 남들과 비교하는 것만큼 우리를 지치게 하는 것은 없습니다.

옆을 보기 전에 오늘의 자신을 봅시다. 자신의 목표를 바라봅시다. 남들이 나보다 좀 앞서간다고 나의 결승점이 더 멀어지는 것은 아니에요. 또 긴 레이스일수록 역전이 더 많이 일어납니다. 긴 레이스의 결승점에 다다르는 그 날까지, 중심을 잡고 단단한 멘탈을 가지고 가자고요!

# 부모님과의 관계가 어려운 너에게

 도키

---

## 부모님과 나는 왜 이렇게 다를까

평소 생활습관부터 성적, 진로, 학원 등등…. 부모님이랑 나는 달라도 왜 그렇게 다른 걸까요. 언제나 나에게 무한한 지지를 보내주시는 부모님께 감사하다가도, 나랑 생각이 너무 다르면 답답하고 울어버리고 싶을 때도 종종 있는 것 같아요. 사랑하다가도 밉고, 밉다가도 사랑하는 게 부모와 자녀 관계가 아닌가 싶습니다. 특히 10대에는 더더욱 그렇고요.

저도 여러분과 같은 학생일 때 부모님과 여러 방면으로 갈등을 빚으면서 비슷한 고민을 했어요. 그래서 이 글에서는 제가 부모님을 어떻게 이해해 나갔고, 부모님과의 갈등에서 비롯되는 스트레스는 어떻게 관리했는지, 그리고 결정적으로 어떻게 갈등을 해결해 나갔는지에 대해서 이야기하려고 합니다.


## 부모님과 나의 차이를 이해하자

"나 때는 말이야~"라는 말, 들어 보셨나요? 부모님과의 갈등을 지혜롭게 해결하기 위해서는 일단 부모님과 우리가 다른 시대를 타고났다는 점부터 이해해야 합니다. 상대방에 대한 이해 없이 갈등을 해결하고자 하는 것은 갈등을 '해결'하는 게 아니라 내 관점을 강요하는 것에 지나지 않거든요. 따라서 부모님을 수정의 대상으로 바라보기보다 부모님의 맥락 내에서 부모님의 가치관을 이해하려는 시도가 필요하답니다.

부모님이 살던 시대는 지금보다 공부를 통해서 할 수 있는 일들이 더 많았습니다. 일단 공부를 어느 정도 해서 대학에 가 두면 취업의 기회가 열렸고, 지금만큼 대학에 가는 사람의 수가 많지 않았기 때문에 사회적 지위도 보장되어 있었어요. 그래서 공부를 통해서 소위 말하는 금의환향, 입신양명하는 것이 학생으로서 이룰 수 있는 최대의 성공이자 명예, 효도였습니다.

또한 당시에는 지금처럼 사회가 여러 가지 분야로 나뉘어 있지도 않고, 문화나 관광산업이 활성화 되지도 않아서 선택할 수 있는 직업도 얼마 없었어요. 그 얼마 없는 직업 중에서도 공부를 해서 얻을 수 있는 것들이 돈도 잘 벌고, 안정적이고, 사회적으로도 인정받을 수 있는 것들이었으니 일단 공부를 하면 잘 살 수 있을 것이라는 부모님의 생각이 그리 이상한 것도 아니지요. 한마디로 말하면 그때는 지금보다 '공부 잘하면 장땡'인 시대였거든요! 지금이야 길이 여러 가지 열려서 예술계나 문화계, IT, 방송, 컨설턴트 등등 직업군이 정말 다양화되었지만, 과거에는 공부해서 꿈꿀 수 있는 미래조차 한정적이었어요.

공부의 목적만 다른가요, 공부하는 방식도 부모님 세대와 우리 세대는 정말 다른 양상을 띠고 있습니다. 부모님 시대에는 대학을 가는 방식이 훨씬 간소화되어 있었어요. 학교 시험, 수능, 학력평가에서 높은 점수를 받는 것 외에는 생각하기 힘들었죠. 하지만 지금은 어떻죠?  크게는 수시와 정시가 나누어져 있고 그 안에서도 학생부 종합, 특기자, 논술 등등이 또 나뉘죠. 그뿐인가요 학교별로 준비 기간도 입학 전형도 다르기 때문에 각각에 맞춰서 준비하려면 해야 하는 것들이 정말 많아졌어요. 우리 손에 들려 있는 입시 준비 체크리스트에는 과거처럼 공부만 있는 게 아니라 생활기록부 관리, 동아리 및 봉사 활동, 대외 활동, 면접 준비 등의 다양한 항목이 존재하게 되었죠. 한 마디로 '공부'만 주구장창 해서 대학에 가는 시대가 아니라는 것입니다.

이처럼 우리가 현재 살아가는 지금 시대에는 공부 말고도 할 수 있는 것들이 너무나도 많습니다. 선택할 수 있는 진로도 대학에 갈 수 있는 경로도 훨씬 세분화되었고 우리가 주체적으로 선택할 수 있는 것들이 많아졌어요. 단순히 공부만 잘한다고 해서 삶이 탄탄대로로 펼쳐지는 시대는 이미 끝났다고 할 수 있죠. 부모님과 살던 시대와 우리가 사는 시대가 이만큼이나 다르니 성공한 삶을 살겠다면서 공부를 하지 않겠다는 우리의 모습, 좋은 대학을 가겠다면서 동아리 활동을 열심히 하는 우리의 모습을 보면 부모님은 당연히 답답하고 의아할 수밖에 없겠죠? 당신이 살던 시대에는 성공하는 삶은 공부하는 삶이고, 대학에 가기 위해서는 공부만 해야 했으니 이와 같은 우리의 발상이 앞뒤가 안 맞는다고 생각할 거예요.

똑같이 '잘 먹고 잘사는 인생'을 원할지라도 부모님과 우리가 생각하는 좋은 인생에 대한 정의와 이것에 이르는 방식은 이렇게 하늘과 땅 차이에요. 그러니 그것들에 대한 이해 없이 서로 옳다고 생각하는 것만 이야기하면 그 사이에 오해는 커지고 소모적인 갈등이 발생할 수밖에 없습니다. 부모님은 과거와 현재가 너무 다르니까 혼란을 느끼면서도, 일단 부모님이 살던 시대에는 열심히 앉아서 공부만 하면 성공할 수 있었으니 자녀도 잘됐으면 하는 마음에서 우리에게 공부하라고 잔소리를 하시는 것이겠죠.

이런 부모님의 행동이 물론 옳은 건 아닙니다. 왜냐면 당연히 지금의 시대는 그때와 다르니까요. 하지만 옳고 그름을 떠나서 우리가 부모님과의 갈등을 지혜롭게 해결하기 위해서는 부모님의 맥락 속에서 갈등을 이해해야 하고, 그러기 위해서는 부모님이 살던 시대상을 이해해야 합니다.

분명 어른들은 우리랑 많이 다릅니다. 그렇다고 해서 어른들이 우리를 돕기 위해 하는 말들, 우리를 생각해서 하는 걱정들을

"지금 시대에는 어차피 해당되지 않잖아!" 하고 넘기는 게 맞을까요? 아닙니다. 이해하고 나서 해결 방법을 찾고, 이를 직접 실행에 옮겨야겠죠. 지피지기 백전백승이라고 하죠? 지금까지는 부모님과 갈등을 빚고, 부모님께 혼나고, 억울하고 속상한 일이 있어도 그 근본적인 원인을 몰랐기 때문에 제대로 된 해결 단계에 이르지 못했습니다. 이제 부모님을 알고 나를 알았으니 제대로 문제를 직면하고 해결할 수 있을 것입니다.

**이제 대화를 해보자!**

다름의 원인을 이해했으니, 이제 어떻게 문제에 접근해야 할지를 생각해 봐야 해요.

## 1. 떨어져서 바라보기

부모님과 다투었을 때 일단은 나의 맥락에서 내가 옳다고 생각하는 대로만 생각하려고 하는 관성에서 벗어나야 해요. 앞에서 이해한 것을 바탕으로 우선 상황에서 멀리 떨어진 다음 부모님의 생각과 내 생각이 어느 지점에서 다르고, 왜 다른지를 정확하게 포착해야 해요. 물론 그러다 보면 다시 답답한 마음이 들 거예요. 감정이 격해지고 억울하고 화가 나겠죠. 그래도 일단 상황으로부터 멀리 떨어져서 갈등의 발생 지점, 이해가 좁혀지지 않는 부분을 파악하도록 합시다.

가령 동아리 활동 일정이 있어서 주말에 친구들과 시간을 잡고 나가려고 하는데 시험 기간에 공부하지 않는다고 나무라는 부모님과 갈등이 생겼다고 해봅시다. 이 경우 '공부 방식'과 '입시'에서 부모님과 이해 차이가 생긴 것이겠죠? 이럴 때는 부모님 세대의 공부와 성공의 방식이 우리 시대의 것과 다르다는 것을 언급하고, 그것을 바탕으로 부모님과 갈등 해결의 물꼬를 트면 될 것입니다. 이렇게 부모님과 나 사이의 다른 지점이 어디인지 침착하게 진단해내는 것이 문제 해결의 첫 번째 단계입니다.

## 2. 감정 가라앉히기

첫 번째 단계와 연결되는 것인데, 부모님과 다른 지점을 파악했으니 대화를 하기 전에 일종의 '무장' 을 하는 것으로 생각하면 됩니다. 대화할 때 감정이 격앙되어 있으면 전달력이 떨어져서 결국 말하고자 하는 내용을 논리적으로 잘 전달하지 못하게 되거든요. 그러므로 부모님과의 갈등으로 인해서 너무 스트레스를 받을 때는 당장 그 문제를 해결하려고 하기보다 문제를 진단하고 감정을 가라앉힌 다음 그 다음에 대화를 시도하도록 하세요. 대화에서 내용만큼 중요한 것이 방식과 전달력인 만큼 이순서는 매우 중요하다고 할 수 있습니다. 또한 가족끼리는 서로함부로 대하기가 쉬워요. 감정이 격해져서 해서는 안 될 말을 내뱉기도 쉽다는 말입니다. 감정 가라앉히기만 잘해도 부모님의 관계가 훨씬 개선될 것입니다.

이 두 단계를 모두 거쳤다면 이제 천천히 대화를 시도해 봅시다. 갈등으로 인해 끓어오른 감정을 조금 진정시키고, 부모님께 대화하고 싶다고 솔직하게 이야기해 보세요. 만약 대화를 요청했을 때 부모님의 감정이 여전히 격앙된 상태라면 일단 '나는 부모님과 지혜롭게 갈등을 잘 해결하고, 서로를 이해하고 싶다' 고 말씀드려 보세요. 이렇게까지 한다면 대부분은 이해하시고 대화 자리를 만들어주실 것입니다. 그 뒤에는 첫 단계에서 진단했던 부분을 이야기해 주세요. 다음 사례를 보면서 적용해보면 도움이 될 것입니다.

부모님과 내가 오늘 시험 기간의 주말에 시간을 보내는
방식 때문에 갈등이 발생했는데
나는 그 갈등의 원인이 공부에 대한 부모님과
나의 관점 차이에 있다고 생각한다.
나는 수시에 내신 성적만큼 중요한 게 활동과
생활기록부라 양쪽을 다 챙기는 게 중요하다고 생각해서
오늘 동아리 활동을 하고자 했다.
그런데 부모님은 일단 내신 성적이 가장 중요하다고
생각하시니까 이에 대해 불안감을 느끼신 것 같다.
부모님에게는 공부를 통해 좋은 성적을 받는 것이
가장 중요하고, 실제로 그게 중요하지 않은 게
결코 아니니까 부모님의 생각을 충분히 이해한다.
그게 맞다고도 생각한다.
하지만 지금의 입시는 부모님의 시대와 조금 달라져서
동아리 활동이 성적만큼이나 중요하다.
실제 선배 중에서는 성적이 충분했지만
활동과 생활기록부, 자기소개서가 부족해서
최종 불합격 판정을 받은 분도 있었다.
그래서 부모님이 나의 상황과 생각을 조금은
이해해 주셨으면 좋겠다.
대신 오늘 동아리 활동 시간을 조금 줄이고
활동이 마무리된 이후부터는 바로
시험공부에 완전히 집중하도록 하겠다.

이처럼 갈등이 발생된 지점으로 파악했던 부분을 확실하게 짚고, 그 부분을 파고드는 것이 좋습니다. 그리고 대화를 하는 와중에도 '나의 판단이나 의견이 틀릴 수도 있다.'는 열린 대화 태도를 유지하는 것이 중요해요. 그런데 이렇게 이야기 하더라도 부모님이 되레 화를 내시거나, 갈등 해결에 적극적인 모습을 보이지 않으시거나, 대화를 거부하실 수도 있습니다. 내가 옳다고 생각하는 것을 충분히 내세워도 부모님의 의견만 관철하실 수도 있죠. 이럴 때 똑같이 감정적으로 격분하거나 "엄마 또는 아빠랑은 말이 안 통해!"라고 다시 문을 닫아 버리면 갈등이 원점으로 돌아가 버려요.

그 순간에 울컥하고 억울할지라도 '아직은 부모님이 대화할 준비가 안 되셨구나' 생각하고 잠시 대화를 접어두도록 합시다. 사실 부모님도 갈등 해결을 원하는 마음은 같은데 쉬이 당신의 생각이나 가치관, 부모님으로서의 권위를 내려놓기 힘들어서 그러실 가능성이 커요. 그러니 모두가 원하는 갈등의 해결을 위해 침착하게 대화를 할 수 있을 때까지 인내심을 가지고 기다려 보도록 합시다. 이때 진심을 담아서 부모님과의 관계를 건강하게 지속하고픈 마음을 어필해 보세요. '내가 틀릴 수도 있고 잘못되었을 수도 있지만, 일단 부모님과 대화를 해보고 싶어서 이렇게 이야기를 했으니 부모님의 의견도 들어보고 싶다.', '소통을 하고 싶다.'라는 의지를 내비쳐 주세요.

아직 우리가 진지하게 부모님과 대화하는 게 익숙하지 않을 수도 있어요. 그럴수록 부모님이 과연 내 말을 들어주실까 걱정스럽곤 하죠. 하지만 갈등을 덮어두고 넘어가기만 하는 것은 어떤 것도 근본적으로 해결해 줄 수 없습니다. 사소한 다툼이거나 견딜 수 있는 잔소리라면 넘어가도 되겠지만, 큰 다툼이나 의견 분쟁이라면 꼭 부모님이랑 자리를 갖고 이야기를 해보시길 바랍니다.

물론 한 번에 해결되기는 힘들 수도 있습니다. 하지만 낙담하지 마세요. 부모와 자식과의 관계가 애정을 원동력으로 움직이는 관계인 이상 진심으로 관계와 대화에 임하면 반드시 상대방은 움직이게 되어있어요. 침착하게, 온 마음을 다해 이야기한다면 부모님도 분명 당장은 아닐지라도 당신이 이야기한 것에 대해서 진지하게 생각해주실 거예요. 우리를 이토록 사랑하고 우리가 잘 되기만을 바라시는 부모님인데 과연 대화의 시도를 쉽게 무시하실까요. 아마 갈등 해결과 대화를 원하면 더 원하셨지, 대화의 차단과 갈등의 지속을 원하시지는 않을 것입니다.


## 결국 공부도, 인생도 나를 위한 것

사실 제가 전달하고 싶은 메시지는 이것입니다. 우리가 공부하거나 삶의 방향을 선택하는 데에 있어서 중심이 되어야 하는 것은 '나'고, 그래서 그 무엇도 다른 사람 '때문에' 해서는 안 된다는 것이죠. 지금까지 부모님을 이해하라는 이야기를 구구절절 해놓고 생뚱맞은 결론이라고 생각할 수 있지만, 정말 그러합니다. 내가 나를 중심에 두고, 단단한 기둥을 내리고 부모님과의 관계에 임하지 않으면 나중에 되레 더 속상한 상황이 발생하고 말거든요.

우리 생각보다 부모님은 훨씬 더 우리를 생각하고, 우리를 중심에 두고 생활하십니다. 우리를 낳으신 이후에 말도 못 하고 걷지도 못하는 우리를 일으켜 세우시고, 좋은 환경에서 좋은 교육을 받을 수 있도록 아등바등 애쓰시고, 지금 이 순간에도 우리가 더 행복하게 살기를 바라시며 열심히 일하고 계십니다. 우리를 힘들게 하는 잔소리나 억압도 결국엔 우리가 정말 잘 되기를 바라는 진심 어린 마음에 우러나온 걱정스러운 이야기일 거예요.

다만 그게 부모님도 속상하고 답답하니까, 날이 선 단어들을 바탕으로 우리를 상처 주고, 아프게 할 뿐입니다. 저도 나중에 머리가 큰 뒤에야 알게 된 거지만 그런 말을 하고 나신 뒤에 부모님도 똑같이 가슴앓이하시고, 후회하셨다 하더라고요. 어떤 부모가 자녀에게 상처 주기를 원하시겠어요.

부모님의 잔소리나 억압이 우리를 너무 힘들게 하는 건 사실입니다. 하지만 그렇다고 해서 여기에 매몰되어서 부모님 때문에, 혹은 잔소리 때문에 공부한다면, 내 공부에 있어서 주체성을 상실하게 되고, 결국 그 누구도 만족시키지 못하게 됩니다. 그렇게 되는 것은 여러분도 부모님도 바라지 않을 거예요. 그러니 어떠한 순간에도 내가 나를 잃지는 않도록 해요. 그게 우리도 부모님도 바라는 우리의 건강한 미래일 것입니다.

# 선생님과의 관계가 힘든 너에게

 위너

---

학창 시절을 되돌아보면 저는 항상 긍정적이고 누구와도 잘 지내는 성격이었습니다. 어릴 때 누구나 한 번 거치는 질풍노도의 시기도 무난하게 지나 부모님과도 싸우지 않았고, 대부분의 학생에게 학창 시절의 가장 큰 재앙으로 다가오는 친구와의 다툼도 없었습니다. 생활기록부에도 항상 대인관계가 좋다는 표현과 매사에 긍정적이라는 칭찬이 적혀있었어요.

　만약 딱 하나의 관계만 더 원만하게 가꿨다면 저는 이 챕터에 글을 싣지 못했을 거예요. 어릴 때야 대부분의 시간을 부모님과

118

보내지만, 초등학교에 입학하는 순간부터는 부모님보다 훨씬 더 많은 시간을 보내는 어른이 곁에 존재하죠. 바로 선생님입니다.

돌이켜보면 저는 수평적 관계보다는 수직적 관계에 더 약했던 것 같습니다. 권력의 위계로 인해서 쉽게 반박하지 못하는 상황 그것으로 인해 발생되는 억울한 상황을 견디지 못했어요. 그래서 선생님들과는 종종 갈등이 있었습니다. 아직도 다시 생각하면 정말 속상할 정도로 상처였던 선생님의 언행 탓에 발생한 문제도 있었고, 제가 미숙했던 탓에 생긴 갈등도 있었죠. 당신이 만약 선생님과의 갈등으로 고민이라면 제 경험과 조언이 도움이 되길 바랍니다.

## 잊히지 않는 갈등의 기억

학생부 종합전형을 준비했기 때문에 저는 선생님들과 교류할 일이 특히 많았습니다. 학생회와 방송부 활동을 하며 친해진 선생님들도 많았고, 담임선생님과는 특히 자주 상담했으며, 각 과목 선생님들과도 교과 세부 특기사항 때문에 자주 이야기를 나누었습니다.

그런데 입시에 가장 큰 영향을 미치는 3학년 담임 선생님과의 갈등은 정말 치명적이었어요. 사실 선생님과 평소에는 사이가 나쁘지 않았답니다. 문제는 수시 원서를 접수할 때 발생했어요. 저는 1학년 때까지 내신 성적이 4등급대였는데, 3학년이 되면서 성적을 급하게 올렸던 케이스입니다. 그래서 전체 내신 성적을 계산해보았을 땐 제가 지망하는 대학의 수시 합격이 불안했고, 이 사실이 갈등의 불씨가 되었어요. 선생님은 합격이 안정적인 학교에 지원하길 강요했고, 저는 모의고사 성적도 서울 소재 상위권 대학에 지원할 수 있는 수준으로 안정적으로 받아왔기에 상향 지원을 하고 싶었습니다.

수시 지원 철에는 쉬는 시간마다 선생님께 불려가 상담을 했고, 상담은 항상 싸움으로 끝났습니다. 상담 과정에서 선생님께서는 본래 내신 성적대보다 높은 학교에 지원하고 싶은 제 열망, 내지는 욕심을 꺾기 위해서 제 자존감을 깎아내리는 말씀을 하셨습니다. 어차피 지원해도 합격하지 못할 텐데 수시 지원 카드를 하나 버리는 셈이다, 왜 똑똑한 애가 미련한 짓을 하냐, 네 수준에 맞지도 않는 대학을 왜 고집하는 거냐 등등…. 제 지난 노력과 의지를 얕잡아보는 말 한마디 한마디가 가시가 되어서 몸에 박혔습니다.

그럼에도 불구하고 저는 서울대학교에 수시 원서를 넣기로 했고, 자기소개서를 쓰기 시작했습니다. 그러나 담임 선생님과의 싸움은 제가 마음을 정한 뒤에도 끝나지 않았습니다. 담임 선생님께서는 자기소개서 첨삭을 부탁드리는 저에게 "어차피 서울대는 떨어질 테니 서울대 자소서는 가장 나중에 봐주겠다."라고 말씀하셨습니다. 상담 끝나고 집으로 걸어오는 길에 저는 끝까지 상처를 주는 선생님이 밉고, 온전히 입시에 집중하지 못하게 하는 갈등의 기억들이 힘겨워서 많이 울었습니다. 아직도 그때의 감정이 생생히 기억날 정도로요. 대입 당시에 선생님도 저도 많이 예민한 상태였기 때문에 이견을 좁히지 못하고 갈등이 깊고 진하게 남고 말았죠.

그 외에도 자잘하게 상처가 되었던 선생님들과의 갈등이 있었어요. 2학년 때 방송부 부장이 된 뒤, 새로운 담당 선생님과 겪었던 갈등이 이에 해당합니다. 부원들이 원하는 활동 방향과 선생님이 원하는 동아리의 방향성 사이에서 조율하느라 스트레스도 많이 받았고, 부장으로서 부담감을 안은 채 제가 생각하는 가장 적절한 형태로 동아리와 활동을 정비하느라 고생을 많이 했습니다.

당시 폐쇄적이었던 여고의 방송부 문화를 생각하면 방송부의 활동 확장에 대해서 보수적인 태도를 취하셨던 선생님의 의견도 물론 이해가 됩니다. 그러나 선생님의 답답한 제한과 강요에 답답했던 부원들의 마음도 충분히 이해가 갔어요. 차라리 한쪽이 완벽하게 오답이었다면 갈등을 해결하기 더 편했을지도 모르는데, 두 의견을 모두 듣고 조율하려고 하니 난감했습니다.

결국 그 고래들 간의 싸움 사이에서 등 터지는 동아리 부장은 저였습니다. 담임 선생님과는 의견 불일치로 쌍방이 부딪히며 싸웠던 거지만, 동아리 담당 선생님과의 갈등은 '싸움'이라고 명명할 수 없는 성질의 것이었어요. 동아리 선생님께는 불려가서 호통을 들으며 일방적으로 혼났고, 저는 제가 통제할 수 없는 상황에 휩쓸리고 있는 것이 속상해서 자연스럽게 선생님을 미워하게 됐습니다. 선생님께서도 그런 저를 탐탁지 못하게 여기실 수밖에 없었고, 그렇게 만들어진 불편한 관계는 쉽게 해소되지 않았습니다.

## 갈등을 피하자

> 싸움부터 일방적인 호통까지, 선생님들과
> 다양한 형태의 갈등을 겪고 나니 얻은
> 깨달음은 아주 단순합니다.
> 선생님과의 갈등은 그냥 무조건 피하는 게
> 최선이라는 겁니다.

선생님과의 관계는 부모와 자식 간의 관계와 어떻게 다를까요? 선생님과 학생 사이의 관계와 부모 자식 관계의 공통점은 학생과 자식은 선생님과 부모를 선택할 수 없다는 것입니다. 두 관계 모두 내 의지와는 상관없이 결정된 상황 속에서 가장 최선의 관계를 만들기 위해 노력하는 관계입니다. 반면 선생님과의 관계가 부모님과의 관계와 명확하게 다른 점은 선생님과의 관계는 사적 성격보다 공적인 성격이 확연히 크다는 점이겠죠. 축적된 애정으로 밀어붙여 해소할 수 있는 관계는 아니라는 것입니다.

　선생님과 학생 간의 관계와 친구 관계의 차이점은 더 명확합니다. 선생님과 학생 사이에는 분명히 위계가 존재하거든요. 아무리 친구 같은 선생님을 지향한다고 해도 선생님과 학생의 관계 속에서 더 강한 영향력과 발언권을 쥐고 있는 쪽은 선생님일 수밖에 없습니다. 당장 선생님과 학생 사이의 관계가 소원해졌을 때, 피해를 보는 쪽은 오로지 학생 쪽이라는 것부터 이 기울어진 관계를 증명해줍니다. 이 관계의 특성을 고려하면 갈등을 피하는 것이 최선이라는 답이 도출될 수밖에 없죠.

물론 선생님과 불편한 사이가 되고 싶어서 갈등하는 학생은 없을 거예요. 선생님의 실수든 나의 실수든, 누군가가 원만한 관계를 해치면서 갈등을 피하는 방법도 생각보다 어렵지 않습니다. 결국 선생님과의 관계도 인간관계의 한 종류잖아요. 내가 기분 나쁘게 느낄 만한 행동을 선생님께 하지 않으면 되고, 선생님의 무리한 요구가 있다면 정중하게 거절하면 됩니다.

다만 아무리 무난하게 관계를 유지하고 갈등을 피하려고 하더라도 선생님의 말씀이 칼이 되어 다가와 상처가 남거나 화를 낼 수밖에 없는 상황들이 종종 있을 겁니다. 학생에게 무언가를 지시할 수 있는 자신의 위치를 내세워서 부당한 요구를 하는 선생님도 있을 거고, 합당하지 못한 징계를 내린다거나, 원하지 않는 일을 강요하는 선생님도 있을 거예요. 이런 경우 그대로 요구를 따르기엔 억울하고 답답하니 자연스럽게 언성을 높이고 싶기도 하겠죠.

그럴 때는 바로 상한 감정과 분노를 표출하기보다는 먼저 선생님의 의도를 고민해봤으면 좋겠습니다. 앞서 부모님과의 관계, 친구 관계와 다른 선생님과의 관계의 특성을 설명했지만 결국은 똑같은 '인간관계'라는 점을 기억하세요. 인간관계 속에서 굳이 나쁜 사람이 되고자 하는 사람은 없습니다. 그러니 선생님들이 분명 여러분께 어떤 악의를 품고 그러한 이야기를 한 것은 아닐 거예요. 표현 방식 등이 문제가 될 수는 있겠지만, 겉으로 보이는 날 선 표현에 주목하기보다는 그 안을 들여다보려고 하는 태도가 당장의 갈등을 피하는 시작이 될 겁니다.

## 갈등을 해소하자

만약 이렇게 갈등을 피하려고 노력했음에도 불구하고 예민한 상황 속에서 불가피하게 선생님과의 갈등이 발생했다면, 그 갈등을 해소하기 위해 노력해야겠지요. 이 경우 저는 자존심을 잠시 넣어두는 것을 조심스레 권장합니다. 앞서 선생님과 학생 사이의 관계가 가지는 특징에서 설명했듯, 입시를 치르는 상황에서 선생님과의 갈등은 결국 학생의 손해로 이어지기 때문이에요.

장기적으로 결국 '나를 위한' 과정이라는 생각으로 선생님에게 정중하게 사과드리는 것이 필요합니다. 안 그래도 스트레스가 많은 입시 생활인데 나에게 사사건건 관여하고 나를 괴롭히는 것 같다는 마음으로 선생님 한 분을 미워하고, 싫어하는 감정을 안은 채로 불편한 관계를 지속하는 것이 과연 내 삶에 긍정적인 영향을 미칠까요? 결국 마음의 짐 덩어리를 하나 안은 채로 수험 생활을 보내는 것이나 마찬가지입니다. 단순히 선생님이니까, 내가 손해니까 무조건 굽히고 들어가라고 말하는 것은 아닙니다. 차일피일 해결을 미루는 대신에 빠른 관계 개선을 위해서 정확하게 내가 잘못한 부분에 대해 사과를 드리는 것이 필요하다는 이야기예요.

> 저 같은 경우 고3 때 사회탐구 중 한 과목의
> 선생님과 갈등을 겪은 적이 있어요.
> 제 개인적인 기준에서 선생님의 수업이 학업에
> 크게 도움이 되지 못한다고 생각했었어요.
> 따라서 저는 수업 시간에 자주 졸았고
> 따로 인터넷 강의와 자습을 통해 공부했답니다.
> 그 결과 성적은 1등급이 나왔는데
> 선생님께서 수업 태도 때문에
> 1등급 학생들에게 공통으로 들어가는 세부 특기사항을
> 써주지 않겠다고 선언하셨습니다.

제 딴에는 엄청 억울했죠. 내 시간 열심히 투자해서 1등급이라는 성적을 받았는데, 다른 내용도 아니고 1등급이면 준다는 공통 세부 특기사항이 빠진다고 하니까요! 하지만 다시 생각했을 때 결국 원인 제공은 제가 한 것이라고 판단했고, 이 갈등을 해소하지 않으면 저만 손해라는 생각이 들었습니다. 그래서 교무실에 찾아뵈어 정중하게 용서를 구했어요. 제 걱정과 다르게 선생님은 흔쾌히 받아주셨답니다.

## 결국은 인간관계

이렇듯 저는 대부분의 선생님과는 갈등을 피해왔고, 발생한 갈등은 정중하게 용서를 구하는 과정으로 잘 해결해왔습니다. 그렇다면 제가 처음에 소개했던 원서를 정하고 자소서를 마감하는 두 달간의 갈등, 동아리 부장 활동을 하던 내내 발생한 갈등. 이 두 가지는 어떻게 해결되었을까요?

담임 선생님께 받았던 상처는 결국 제가 옳았다는 것을 증명하면서 자연스레 해결되었어요. 직접 원서를 준비해서 서울대에 합격하고 나니 그냥 아무 생각이 없어지더라고요. 그렇게 졸업해서 대학을 다니던 중 21살 겨울쯤에 모르는 번호로 전화가 한 통 왔습니다. "누구세요?"라고 묻는 제 말에 "이 녀석아 너는 고3 담임 선생님 번호도 없냐."라고 웃으며 말씀하시던 게 기억이 납니다. 당황스러웠지만, 선생님께서 다른 고등학교로 옮기게 되었고, 그동안 학교에서 만났던 기억에 남는 제자들에게 전화를 한 통씩 하는 중이라고 하시더라고요. 간단한 안부와 함께 전화는 금방 끊어졌지만 결국 선생님에 대한 제 마지막 기억은 이 통화로 남았고 뒤끝은 모두 사라졌어요.

동아리 선생님과의 갈등을 이야기해 보자면, 저는 정말 평생 해소가 안 되리라 생각했어요. 저도 상처를 받으면서 선생님을 미워했고, 선생님도 저를 미워한다고 생각했거든요. 시간이 지나면서 부장 자리를 물려주고 제가 학업에 매진하는 과정을 거치며 자연스레 선생님과 멀어졌습니다. 그러다가 서울대에 합격하고 해당 소식을 교무실에 가서 친했던 선생님들께 알리던 중 동아리 선생님도 계셔서 가볍게 해당 사실을 말씀드렸습니다. 그러자 선생님께서 인자한 표정으로 수고했다고, 축하한다고 말씀해 주셨습니다.

축하한다는 따뜻한 말 한마디로 억울하게 혼났던 일들이 사라지는 것은 아닙니다. 여전히 선생님의 호통과 그것으로 인한 상처는 제 가슴에 또렷하게 남아있어요. 다만 제가 선생님께 제 기쁜 소식을 알려드리고, 선생님은 진심으로 축하를 건네주면서 저희가 서로 마음을 열고 사과를 주고받았다는 느낌이 들었습니다.

이러한 경험을 통해 저는 '선생님과의 관계도 결국 특별할 게 없는 하나의 인간관계고, 평생 남을 것 같다고 생각한 갈등도 결국 해소가 되는구나' 하고 느꼈습니다. 이렇듯 지금 당장은 아주 큰일인 것만 같은 선생님과의 갈등도 다른 인간관계와 마찬가지로 언젠가는 '한때의 일'이 될 수 있습니다. 그러니 어느날 선생님의 날선 한마디에 상처받았더라도 너무 마음에 담아두지 말고 공부에 정진하세요. 목표한 대학교의 합격 통지서를 받는 그 날, 선생님과 웃으면서 다시 이야기 하자구요!

# 인간관계의 3가지 팁

위너 　서랑 　윤

눈을 뜨고 주변을 둘러볼까요? 찬란한 빛깔의 세상이 펼쳐져 있습니다. 우리는 수많은 색으로 구성된 세상을 살아가고 있으며 그 다양한 빛깔만큼이나 수많은 관계를 그리고 관계가 만드는 상황과 감정을 마주합니다. 그 상황과 관계를 만들어내는 것이 무엇인가 따져보면 답은 명확합니다. 각자 다른 색을 지닌 수많은 주변 사람들이 '나'라는 인간이 살아가는 세상을 다채롭게 구성하고 있는 것이죠.

　세상에는 수많은 사람이 있습니다. 그리고 사람은 모두가 다릅니다. 그렇기 때문에 사람과 사람이 만나는 관계의 형태 또한 저마다 다를 수밖에 없겠죠. 이제부터 사람들 속에서 자신들만의 관계를 차곡차곡 쌓고, 때로는 무너지는 관계에 속상해했던 세 사람의 이야기를 들려드릴게요.

##  위너: 예민한 고등학교에서 살아남기

오랜만에 학창 시절 인간관계를 쭉 회상해 봤어요. 하지만 아무리 고민해도 딱히 인상 깊은 사건이 떠오르지는 않더라고요. 저는 항상 다양한 무리에 속했고 반 친구, 동아리 친구, 학원 친구 두루두루 친했습니다. 반이 바뀌고 전년도 친구와 멀어져도 딱히 속상해하지 않았고 새로운 사람과 친해지는 데에 거부감이 없었습니다. 넓고 얕았던 제 학창 시절의 인간관계를 한마디로 요약하면, '무난함' 그 자체였습니다.

제가 무난한 관계를 유지할 수 있었던 이유는 무엇이었을까요? 그냥 제가 무난한 사람이기 때문일까요? 혹은 운 좋게도 무난한 환경에서 공부했기 때문일까요? 그런 건 아니라고 생각해요. 왜냐하면 제가 다녔던 학교는 무난함과는 거리가 멀었거든. 한 학년에 500명이 넘는 강남구 여고이고, 수시 중점이었으니까요. 그만큼 기 싸움과 정보 싸움이 치열했고 예민한 분위기가 형성되어 있었죠. 그리고 저는 중위권에서 최상위권으로 성적을 올린 케이스입니다. 견제의 대상이 될 수밖에 없었어요.

이런 환경에서도 정말 '무난하게' 인간관계를 형성할 수 있

129

었던 방법은 결국 진심이었다고 생각해요. 진심이라고 해서 뭔가 거창하고 대단할 거 같지만 꼭 그런 것도 아닙니다. 제가 생각하는 제 진심에는 딱 세 가지 속성이 있었던 거 같아요.

첫째, 선의를 앞세울 것

둘째, 앞뒤가 다르지 않을 것

셋째, 대가를 바라지 않을 것

그래서 저는 저를 보여주는 것에 아무런 거리낌이 없었어요. 항상 진심이었고, 그 진심에는 선의가 있었으니까요. 좋은 학원이 있으면 친구들에게 소개해주고, 자기소개서 소재를 물어보면 공유해주고, 필기를 못 했다고 하면 기꺼이 제 필기를 보여줬습니다. 물론 저도 필요한 것이 생기면 친구들에게 자주 물어봤고요. 서로 도와가면서 선의의 경쟁을 한다고 생각했었죠.

하지만 제 착각이었던 경우도 많았어요. 제 정보만 듣고 자기 얘기는 숨기는 친구들도 많았고, 제가 소외된 팀도 있었죠. 재미있었던 건 그중에서 그 누구도 저에게 면전에 대고 그렇게 행동한 적이 없었던 것이에요. 그냥 앞에서는 잘 지내고 뒤에서는 다른 행동을 했던 것이죠. 그런데 그런 것들을 다 알게 되어도 딱히 타격이 없더라고요. 누가 시켜서가 아니라 제가 그러고 싶어서 이 친구들에게 잘 대했던 것이니까요.

즉 저는 항상 아쉬움이 남지 않게 사람들을 대했습니다. 인생에서 혼자 결정해야 하는 일에도 아쉬움과 후회가 남기 마련인데, 누군가와의 관계에서 아쉬움이 남지 않은 비결은 적어도 내 감정에 최선을 다했기 때문이고, 진심을 쏟았기 때문이었다고 생각합니다. 잘되지 않더라도 상대를 탓하지 않고, 내겐 최선이었다는 말로 넘길 수 있게 되는 것이죠.

그래서 저는 여전히 이러한 삶의 태도를 유지하고 있어요. 선의를 앞세우고, 뒤에서 다른 마음을 먹지 않고, 돌아오는 것에 미련을 가지지 않도록. 결국 저에게 마음의 짐은 없고 주변에는 비슷하게 진심으로 대하는 사람들이 남더라고요.

## 🕊️ 서랑: 선택할 수밖에 없음을 받아들이세요

저는 관심을 좋아합니다. 원래 성격이 그랬어요. 저뿐만 아니라 모든 사람들이 정도는 달라도 어느 정도 관심을 갈구하는 존재라고 생각해요. 인간은 사회적 동물이고, 누구나 사람들 사이의 관계 속에서 살아가며, 관심에 의지해 무언가를 이루어냅니다. 사회 속에서 온전히 나 혼자 살아가는 것은 불가능하니까요. 학교 또한 작은 사회이기 때문에 저도, 여러분도 모두 학교라는 곳에서 혈연 밖의 인간관계를 처음 체계적으로 만들어나가게 됩니다. 말 그대로 처음이에요. 당연히 실수가 있을 수밖에 없죠.

제 얘기를 해볼까요. 인간은 모두 다 관심을 원한다지만 저는 필요로 하는 관심의 총량이 많은 편이었고, 반대로 남들에게 줄 수 있는 관심의 총량도 많았어요. 그래서 학교에서 무슨 행사가 있거나, 스터디 그룹 같은 걸 운영할 때 친구들을 챙기는 것도 좋아했습니다. 그렇게 챙기고, 챙김 받으면서 많은 사람들이랑 함께 어울리고, 관심 받는 일상을 보내는 게 행복했어요.

그러던 저는 고등학교에 진학하면서 어느 순간 친구를 모두 잃어버리고 혼자가 되었습니다. 중학교 때부터 친했던 친구들과 반이 멀어지고 각자 친구를 사귀고 나니 자연스럽게 멀어지게 된 거죠. 새로 친구를 사귀고 싶었지만 당시 성적이 좋고 활동에 적극적으로 나서던 저를 탐탁지 않게 여기던 친구들이 관계 속에 저를 잘 끼워주지 않았습니다.

혼자 있는 걸 좋아하는 사람은 있겠지만, 외로운 것을 좋아하는 사람은 거의 없을 거라고 생각합니다. 그런데 저는 고등학교 때 정말 자주 외로웠던 것 같아요. 정말 의지하고 사랑할 수 있는 관계는 정말 제한적으로 되어버렸으니까요. 저도 당시에는 정말 스트레스를 많이 받았고 외로웠지만, 그렇게 인간관계로 계속 고민하는 대신 공부에 더 집중하는 것을 선택했습니다. 지나고 보니 잘했다는 생각이 들더라고요. 어차피 내 사정을 고려해 주지 못하는 애들과의 우정은 오래가봐야 의미 없고, 미련 없이 제쳐두어도 됐는데 한때 왜 그렇게 괴로워했을까 하는 생각이 들어요.

친구가 없어지면 어떡하지? 외로워지면 어떡하지? 하는 마음에 관계를 가볍게 하는 걸 다들 무서워하는 것 같아요. 그러나 인생이 선택의 연속이라는 것을 기억하세요. 인간관계도 선택의 연속입니다. 가장 먼저 공부와 친구 사이에서 선택을 해야 해요.

그 선택의 어려움을 잘 압니다. 성적 가지고 예민하게 굴기 싫은데, 하나부터 열까지 줄 세우는 학교라는 공간에서는 친구들과 경쟁하며 예민해지기 쉽죠. 공부하느라 친구들이랑 못 놀아서 불안하기도 하고요. 공부에 집중해야 하면서 동시에 친구들도 챙겨야 하는데 그러다 보면 결국 인간관계에 소홀해지기 쉬워요. 그것만인가요. 친구와 친구 사이에서도 선택해야 하는 순간이 많이 옵니다. 친한 친구들끼리 싸우면서 제가 한쪽을 선택해야 하는 순간이 있었고, 그때의 선택으로 정말 많은 친구를 잃고, 힘들어하기도 했었어요. 선택이라는 건 하나를 고르고, 다른하나를 포기해야 하는 것이다 보니 필연적으로 선택받지 못한것은 내 발목을 잡게 돼요. 포기한 게 공부라면 성적이 떨어지는것으로 타격을 받게 될 거고, 친구라면 그 친구와 관계가 소원해지겠죠. 학생인데 공부를 포기할 수 없으니 자꾸 친구들에게 소홀해지고, 그렇게 무너지는 관계 때문에 스트레스 받는 친구들이 많은 것 같아요.

> 그러나 모든 사람이 당신을 좋아할 필요는 없습니다.
> 인간관계를 가볍게 유지하는 건 학창 시절의
> 스트레스를 줄이는 아주 중요한 포인트 중 하나에요.

당신도 이 세상에 별로 안 좋아하는 사람, 싫어하는 사람이 한 명쯤은 있을 거예요. 이유가 있을 수도 있고, 별 이유가 없을 수도 있습니다. 다른 사람들도 마찬가지예요. 그걸 굳이 내가 애써서 정정하고 고쳐야 할까요. 어차피 그 사람과 친구가 아니더라도 나는 여전히 나이고, 나와 관계 맺을 수 있는 사람들은 주변에 아주 많은걸요.

넓고 얕은 인간관계와 좁고 깊은 인간관계가 있죠. 챙겨야 할 게 많은 지금, 넓고 깊은 인간관계는 스트레스일 뿐 좁고 깊은 인간관계에만 신경 쓰고 살아도 되지 않을까 싶습니다. 넓고 얕은 관계에 대한 관심은 인류애만으로도 충분하지 않을까요. 스트레스 받지 말고 그냥 '많은 사람이 행복하면 내가 좋으니까' 정도의 가벼운 마음으로 사람을 대하는 게 편하다는 걸 저는 시간이 흐르면서 아주 깊게 깨닫게 되었습니다.

반대로 좁고 깊은 인간관계라도 나를 힘들게 하면 끊어낼 수도 있다는 걸 기억해야 해요. 모든 관계의 유지와 종료는 당신의 자유라는 걸 잊지 않았으면 좋겠습니다. 만약 나를 좋아하는 사람이 단 한 명도 없다는 생각이 든다면 그냥 아직 때가 되지 않았다고 생각하세요. 언젠가는 당신이 정말 깊게 우정을 나누고 싶은 친구, 당신을 깊게 챙겨주는 친구가 나타날 거니까요. 지금 스쳐 지나가는 순간의 관계에 너무 매달리지 않아도 돼요. 저도 외롭고 힘들었던 시간 속에서 저와 깊게 우정을 나눌 수 있는 친구들을 고등학교 3학년 말에 그리고 이제 대학에 와서 정말 많이 만났거든요.

꼭 이런 말을 해주고 싶어요. 당신의 가치는 주변 사람이 정하는 게 아니라 본인 스스로가 정하는 것이라는 걸요. 청소년기에는 친구라는 게 너무 중요하고, 친구 관계에 몰입하기 쉽죠. 친구와 사이가 나빠지는 게 꼭 내 인생을 부정하는 일 같이 그렇게 느낄 수 있어요. 하지만 인간관계라는 건 부서지는 게 쉽듯이 다시 쌓는 것도 아주 간단한 일이라는 걸 기억하면 좋을 것 같습니다.

###  윤: 괴롭게 유지해야 하는 관계는 끊으세요

사실 저는 중고등학교를 다닐 때에는 별로 인간관계에 대한 생각을 많이 하지 않았습니다. 같은 동네에서 초중고 12년을 다니기도 했고, 학교 친구들과 두루두루 친한 편이었어요. 학생회장을 하기도 했으니 친구관계에서 큰 어려움을 겪지는 않았다고 할 수 있을 것 같습니다. 무엇보다 제가 이런 쪽에 큰 관심이 없었던 것은 당시 저에게 친구들과의 인간관계보다 중요한 것들이 너무나 많았기 때문입니다.

물론 제가 친구들에게 심하게 소홀히 대하고, 관계를 일절 신경 쓰지 않았다는 것은 아닙니다. 하지만 저는 제가 공부나 입시에 온 힘을 쏟느라 정신이 없을 때 그래서 잠깐 사라졌다가 나타날 때에도 그것을 인정해 주고, 이해해 주는 친구들과 친했으며 반대로 이를 서운하게 생각하는 이들과는 오래가지 못하는 관계라고 생각했던 것 같습니다.

그런 물음을 던지곤 하잖아요. '친구와 사랑 중에 무엇을 선택할 것이냐. 우정과 XX 중에 어떤 것이 더 중요하냐.' 저는 이러한 물음에서 언제나 사랑 혹은 그 뒤에 오는 무언가가 우선이라고 대답합니다. 왜냐하면 진정으로 나의 친구라면 내가 합리적인 판단으로 내린 결정을 언제나 존중해 줄 수 있어야 한다고 생각하기 때문이에요.

대학에 오고, 학창 시절보다는 폭넓은 인간관계를 경험하면서도 이러한 저의 생각은 바뀌지 않은 것 같습니다. 그리고 과거를 돌아보고, 지금 제 곁에 남은 친구들을 떠올리면 더더욱 옳은 판단이었다고 생각합니다. 한때 같은 학년 400명이 전부 '친구'라고 생각했던 시절도 있었지만, 지금까지 연락을 하며 주기적으로 만나는 사람은 10명이 채 안 됩니다. 대학에 와서도 굉장히 많은 사람들이 스쳐갔지만, '친구'라고 부를 수 있을 만한 사람은 글쎄요, 그리 많지는 않은 것 같네요. 하지만 저는 제 인간관계가 아주 충만하다고 생각하며, 이에 충분히 만족하고 있습니다. 내가 친구라고 생각하는 소수의 사람들과의 관계가 중요한 것이지 잠깐 닿은 수많은 지인들에게 상처받고, 그들로 인해 스트레스 받거나 고민할 필요가 없다고 생각합니다.

여러분에게도 이런 말씀을 드리고 싶어요.

> 내가 괴롭게 유지해야 하는
> 관계는 굳이 필요 없다.

친구를 막 대해도 괜찮다는 말이 아닙니다. 관계에 있어서 최소한의 예의는 갖추어야겠죠. 하지만 진짜로 나에게 소중한 사람이고, 내 친구라는 사람이라면 나를 힘들게 하지 않습니다. 저는 당신이 거짓 관계에 속아서 눈앞에 더 중요한 것을 놓치지 않았으면 하는 바람입니다.

제가 주로 친구 관계에 한해 말씀드리긴 했지만, 저는 정신적으로 취약한 입시 생활을 견디기 위해서는 모든 인간관계에 대해 이러한 생각을 갖고 있는 것이 좋다고 생각해요. 친구든, 연인이든, 선생님이든, 심지어는 가족도 예외는 없습니다. 안 그래도 힘든 나를 위로해 주고, 지지해 주지는 못할망정 그 자신이 오히려 고통의 이유가 된다면 그 관계는 건강하지 못합니다. 힘든 관계는 단호하게 쳐낼 필요도 있어요.

당연히 한 번 서운하게 했다고 바로 인연을 끊으라는 것은 아닙니다. 인간과 인간이 만나다 보면 크고 작은 갈등이나 실수가 발생할 수는 있죠. 하지만 우리는 이성을 가진 주체잖아요. 대화를 할 수 있습니다. 정확한 의사 전달을 하시고, 오해가 있다면 풀어야 합니다. 제가 끊으라는 관계는 그럼에도 불구하고 계속해서 나를 힘들게 하는 것들입니다. 인간관계라는 게 칼로 자르듯 처리할 수 있는 것은 아니지만, 그래도 자신을 위해서 이런 사고방식을 가져보세요. 내 곁에 정말 소중한 관계들만 충만하게 남을 것입니다.

# '인간관계가 어려운 너를 위해'
## 두 번째 이야기를 마무리하며

**나의 관계는 나의 색으로**

인간관계에 정답은 없습니다. 우리가 인간관계에서 만나는 사람들이 모두 다른 것과 마찬가지로, 인간관계를 맺어 나가는 사람들의 성향도 다르겠죠. 그러나 세 멘토의 사례에서 공통적으로 발견할 수 있는 두 가지의 명심해야 할 점이 있어요.

나에게도, 다른 누군가에게도
상처를 주는 관계는 옳지 않다는 것.
그리고 관계에 대한 나만의
올곧은 기준을 세워야 한다는 것.

흔들리지 않을 나의 기준을 세우세요. 나의 색에 맞는 소중한 인간관계만을 남기세요. 관계에 휘둘려 내 꿈을 잃지마세요.

당신 또한 상처받지 않고 상처 주지 않는, 당신만의 기준을 찾아나가시길 바랍니다. 나의 색에 맞는 인간관계로 인생이 채워질 거예요.

인간관계가 어려운 너를 위한 몇 가지 팁이야.

## 1. 감정을 묻어두지 않고 인정하기

불안하고 복잡한 감정이 속에서 뒤엉켜서 힘들 때는 어떻게 하는 게 좋을까? 내가 제안하는 방식은 그 감정을 꺼내 들여다보고, 인정하고, 자신을 충분히 보듬어 준 다음에 우선순위를 세우는 거야. 그때그때 떠오르는 감정을 기피하고 억지로 묻어두려고 하면 그게 점처럼 마음에 찍혀서 그 당시의 내가 아픈 채로 계속 마음에 남아 있게 돼.

트라우마의 경우를 생각해보자. 만약 5살 때 부모님께 상처받은 기억이 있는데, 오랜 시간이 지나서도 그 기억을 받아들이지 못하고 부정하고, 잊으려고만 한다면 어떻게 될까? 내 안의 상처받았던 그 당시의 5살로 계속 살아가야만 할 거야. 잊으려고 할 뿐이지 결코 그런 불안한 감정은 쉽게 잊히지 않으니까, 비슷한 상황을 마주했을 때 나는 다시 그때의 나로 돌아가게 되겠지.

현재의 '나'로 온전하게 살기 위해서는 그 당시의 감정을 인정하고, 당시에는 불가피하게 해결하지 못했던 문제일지라도 다시 꺼내어 보고 보듬어줘야 해. 피하지 말고 자신의 감정을 다시 정면으로 바라보자. 그래야 상처받은 마음의 점들 없이 깨끗하고 건강한 현재의 나로 온전하게 살아갈 수 있을 거야.

## 2. 바꿀 수 있는 것과 바꿀 수 없는 것을 구분하기

그렇게 내 감정을 인정하고, 받아들이고, 보듬어 준 다음에는 무엇을 해야 할까. 이제 내 머릿속 또 다른 영웅인 '이성'이 반짝하는 순간이야. 우리는 내가 바꿀 수 있는 것과 바꿀 수 없는 것을 구분하고, 달라지지 못하는 것은 깔끔하게 운에 맡기고 손을 뗄 수 있어야 해.

자신이 통제할 수 없는 것에 집착하는 것은 질 수밖에 없는 전략이야. 그러니 바꿀 수 있는 것과 바꿀 수 없는 것, 노력할 수 있는 것과 없는 것을 확실히 구분 짓고 행동으로 옮길 수 있어야 해. 관련된 '도키' 멘토의 이야기를 들려줄게.

저는 고등학교 3학년 때 제가 아끼던 친구 중 한 명이 거의 3년 내내 제가 모르는 곳에서 저에 대해 안 좋은 이야기를 하고 다녔다는 사실을 깨닫고 큰 충격에 빠졌어요. 친구와의 관계뿐만 아니라 고등학교 생활 전체가 뒤집히는 기분이어서, 어디서부터 어떻게 제가 손을 봐야 할지 모를 지경이었습니다. 그래도 이런 상황을 회피하려고 하기 보다는, 충분히 속상해하고 마음 아파한 다음에 문제 해결에 직접 나서기로 했습니다.

이때 만날 수 있는 친구들은 만나서 해명하고, 여러 가지 방면으로 문제를 해결하려고 노력하면서 느낀 게 있다면 아무리 누군가한테 잘 보이려고 최선을 다해도 나를 밉게 볼 사람들은 밑도 끝도 없이 나를 밉게 볼 것이고, 내가 하고 싶은 대로, 마음 가는 대로 살아도 나를 좋게 볼 사람들은 한없이 나를 좋게 봐줄 거라는 사실이었습니다. 가십거리 하나로 '나'라는 입체적인 사람을 찍어 누르고 판단해 버릴 사람들이라면, 제가 눈곱만한 실수 하나를 했어도 저를 싫어하고 매장할 사람들이었던 거겠죠.

그래서 그때 저는 제가 바꿀 수 있는 것과 그렇지 않은 것을 구분했습니다. 제 노력으로 할 수 있는 것은 소문이나 가십에 대해서 사실관계를 정정해서 알리는 것이었죠. 그것을 믿는 것은 타인의 몫으로 맡겨 둔 다음에, 제 옆에 남은 사람들에게 최선을 다했어요. 그리고 그런 것에 상관하지 않고 한결같이 옆을 지켜 준 친구들은 더할 나위 없이 소중하게 생각했습니다. 그렇게 소중하게 남은 친구들은 현재까지도 좋은 관계로 계속 만나고 있어요.


자, 도키 멘토가 문제를 해결한 방식을 살펴볼까? 감정에 대해 충분히 인식했고, 충분히 아파했고, 그 다음에는 이성적으로 판단해서 침착하게 행동했지. 이렇게 난감한 상황이 발생했다면 우리의 감성과 이성을 적극적으로 이용해보자. 이성이든 감정이든 모두 너의 것이니까. 둘 다 미워하거나 둘 중 하나만 중시하기보다는 둘 다 나의 것으로 인정하고 아끼길 바랄게.


## 3. 나만의 물리적 공간 설정하기

마지막으로 너만의 물리적 공간을 설정해볼 시간이야. 사람마다 각자 마음이 편안해지는 시간과 공간이 있어. 도키 멘토의 경우, 아침 일찍 일어나서 동네를 산책할 때가 가장 안정적이고 사사로운 생각이 안 들어서 좋았다고 해. 몇몇 사람들이 곁을 스쳐 지나가기는 해도 무겁지 않은 관계로 지나갈 뿐이니, 수많은 관계를 매달고 살아가는 삶이라는 걸 아주 잠깐 잊을 수 있으니까.

그럼 이제, 네가 가장 편하게 '너'로서 존재할 수 있는 시간을 떠올려보자. 이렇게 책을 읽기 위해 혼자 조용히 책상에 앉아 있는 시간도 좋지. 잠깐 책을 덮고 혼자서 글의 내용을 곱씹으며 평소에 하지 못했던 생각으로 나아가고, 일상에 산재하던 혼란을 잠재우고, 편안해질 수 있을거야. 결국 중요한 건, 그런 물리적 시간이나 공간을 확보해서 마음을 다스리는 일이야. 너에게 이런 습관이 자리 잡으면 좋겠다.


나는 알아. 너의 세계는 앞으로 더 많은 사람을 만나고, 더 많은 상황을 이겨내고, 여러 감정을 경험하며 더더욱 단단해질 거라는 걸. 그렇기 때문에 외로움과 슬픔은 너를 흔들 수 없을 거라는 걸. 오늘도 관계로 인해 아파하고, 또 기뻐하고 행복해할 너의 모든 순간을 응원할게. 더 단단해질 미래에서 만나자.

# CHAPTER 3
## 대학 가면 행복할 수 있을까요

수험생활이 끝나면 행복해질 수 있을지 모르겠어요.
앞에서도 얘기 했지만, 솔직히 저는 지금 행복하지 않아요.
지금 행복할 걸 미래에 몰아주고 있는 느낌이에요.
이렇게 미래의 행복에 기대서 아등바등 살아가는 게
맞는 건지 모르겠어요. 미래에 행복할 거라고는 하지만
지금 살아가고 있는 건 현재의 저잖아요.
미래의 저도 똑같은 생각을 하지 않을까요?
행복을 자꾸 미루고, 또 미룬다면
진짜 행복은 어디서 찾을 수 있을까요?

# 원하는 것을 모르는 너에게

 땡글

---

한 학생이 전화를 걸어옵니다.

---

: 안녕하세요, 저는 OO학과에 재학 중인 ○○○이라고 합니다.

: 네, 말씀하세요!

: 이야기를 좀 나누고 싶은데… 일정을 먼저 잡아야 한다고 들어서요.

: 학생, 정말 미안하지만 요즘 스케줄이 꽉 차서 조금 기다려야
  할 것 같아요. 한 3주 후에나 가능할 것 같습니다.

: 아, 네. 알겠습니다. 감사합니다.

---

이야기를 나누고 싶다며 약속을 잡는 이 학생, 과연 누구랑 대화중일까요? 바로 대학교 '학생상담센터' 입니다. 최근, 심리적 어려움을 겪고 있는 많은 학생들이 이곳을 찾는다고 합니다. 진로 고민에 지쳐 조언을 구하고자 방문하는 학생부터 그동안 억눌러왔던 혹은 애써 외면해왔던 수많은 고민거리들이 곪아 터져 마음의 병으로 찾는 학생들까지. 오늘도 대학교 심리상담센터는 무거운 발길이 끊이질 않습니다.

학창 시절, 대학에만 가면 지금의 고민과 걱정이 눈 녹듯이 사라질 줄 알았는데 그 모든 것이 자신을 현혹하기 위해 만들어낸 잔인한 환상이었나 싶을 정도로 우리가 마주한 현실은 너무나도 달랐습니다. 어른이 되어도 여전히 무언가 비어있는 느낌, 어느 것도 해결되지 않은 기분, 깜깜한 터널 앞에서 느끼는 좌절감, 공포, 우울함. 그동안 미뤄두었던 고민들이 감당하기 힘든 감정들과 함께 어른이 된 나를 다시 한번 찾아온 겁니다.

## 나도 내가 괜찮은 줄 알았어

항상 책으로 가득 찬 무거운 가방을 멘 채 한 손에는 정리노트를 들고 다녔던 어린 시절의 저는 그 누구보다도 대학 한 가지만을 생각했던 사람이었습니다. 비교적 교육열이 높은 지역에서 초등학교와 중학교를 보낸 후 소위 명문대의 등용문이라 불리는 특목고로 진학하면서 좋은 성적이 곧 자신의 능력을 드러

내는 것이라 이야기하는 사회에 깊이 스며들어 있었죠. 그리고 모든 것이 등수로 매겨져 결과에 따라 대우가 달라지는 현상을 자연스러운 일처럼 여겼어요.

특히 교육이라는 이름으로 포장된 입시 전쟁터에서 공부를 잘한다는 아들, 딸을 둔 엄마들끼리의 '카르텔(연합)'은 항상 그 존재를 과시하고 있었습니다. 해당 집단에 속한 아이들의 성적은 암암리에 공유되기 마련이었고, 때때로 성적이 떨어진 아이들은 '망가졌다'와 같은 잔인한 말을 들어야 했어요. 보이는 것에 참 예민한 어른들 그리고 그러한 부모의 모습을 답습할 수밖에 없었던 아이들이 가득한 곳에서 공부를 잘한다고 소문이 났던 저는 성적으로 인해 부정적인 수군거림에 휩싸이는 것이 무척이나 두려웠습니다. 정확히 말하자면 '누가 누구를 이겼네', '걔는 열심히 했는데도 결국 그 정도밖에 안 되네'와 같은 이야기를 듣는 것이 무서웠어요.

두려움이 커질수록 더 잘해야 한다는 날 서린 채찍질이 가해졌고, 좋은 대학에 가는 것이 인생의 성공이라는 선생님과 부모님의 말씀은 제 자신을 더욱 가혹하게 몰아세우는 촉매제가 되었습니다. 그리고 삶이 벅차다고 느껴질 때마다 대학에 가면 모든 고민이 저절로 사라질 것이라는 말이 가뭄의 단비처럼 달콤하게 느껴졌어요. 어느새 이 말은 제 자신을 지배할 정도로 강력한 힘을 가지게 되었죠. 당장 제가 하는 고민들이 시간 낭비처럼 느껴지기 시작한 겁니다.

어느새 저는 좋아했던 친구와 사이가 틀어졌을 때에도, 결과로 인격을 평가하는 선생님의 말씀에 상처를 받았을 때에도, 스스로가 성적이라는 두려움에 갇혀 불안에 떨 때에도 담담한 반응이 주를 이루게 되었어요. 그렇게 쌓여간 상처가 산더미처럼 몸집을 키워도 스스로를 감정이 없는 기계처럼 취급하다 보니 언젠가부터 제 자신이 진정 무엇을 좋아하는지, 무엇을 싫어하는지와 같은 아주 간단한 질문에조차 대답할 수 없게 되었습니다.

## 진로 고민도 사치였기에

그래서일까요. 어린 시절의 전 그 누구보다도 빠르게 학생기록부의 장래희망란을 채울 수 있었습니다. 어떤 직업이든 좋은 대학에 가고 나서 생각해도 늦지 않기에 아니 그렇다고 믿었기에 제게 남은 건 그저 목전에 둔 시험 하나에만 집중하는 일이었어요. 그래서 장래희망은 부모님께서 바라셨던 판사, 검사, 변호사라는 직업을 그대로 따랐습니다. 확신에 찬 부모님의 얼굴 표정을 통해 법조인을 막연히 피라미드의 꼭대기라고 여길 수 있었죠. 그렇게 저의 학교생활기록부 장래희망란은 6년 내내 변호사, 검사로 빼곡히 채워져 있습니다.

겉보기엔 탁월한 법조계 인재처럼 보였던 저는 우리나라에서 손꼽히는 법학계열 학과에 입학할 수 있었어요. 그리고 이내 곧 무너지기 시작했습니다. 좋은 대학에 입학했으니 제 인생은 자연스레 성공으로 이어질 줄 알았지만, '자연스럽게'라는 말이

즉 수월하게 직업을 얻고, 많은 돈을 벌고, 명예와 권력까지 쥐게 되는 그런 삶이 실은 전혀 자연스럽지 않다는 것을 깨달았어요. 부모님과 선생님께서 말씀하셨던 바로 그런 삶은 제 앞에 없었습니다.

새로운 환경은 저에게 딱 세 가지의 선지만을 제시했어요. 완벽한 학점과 높은 LEET(법학적성검사) 점수로 명문대 로스쿨에 진학하는 것, 행정고시를 준비하는 것, 회계사 시험에 합격하는 것. 이 세 가지만이 마치 인생의 답인 것처럼 존재하고 있었죠. 꼬박 4년을 쉬지 않고 공부에 매진하여 최대한 빠른 시일 내에 법조인, 사무관, 회계사가 되는 것. 그것이 일종의 엘리트 코스처럼 여겨지고 있었던 겁니다.

선배들은 제게 상위권 로스쿨이 어느 정도의 학점과 리트 점수를 요구하는지 세세하게 알려주었어요. 주위를 둘러보면 엉덩이를 붙인 채 꼼짝 않고 리트 준비를 하는 고학년 선배들과 벽돌 같은 책을 성벽처럼 쌓아올린 채 글자에 파묻혀 있는 로스쿨생들을 쉽게 볼 수 있었죠. 심지어 이곳에서만큼은 '휴학'을 한다는 것이 이상한 일에 가까웠습니다. 저는 이런 곳에서 또다시, 버티고, 이겨내고, 결과를 보여야만 했어요.

제게 앞으로 펼쳐질 현실은 더 큰 지옥이었습니다. 내가 진정으로 법조인이라는 직업을 원하는지, 나의 모든 시간과 노력을 쏟아부을 만큼 그 직업에 열정이 있는지, 법조인의 업무가 나라는 사람의 자질이나 특성과 잘 맞는지, 그 어떠한 질문에도 답하지 못했던 저는 예상치 못한 전개에 눈앞이 캄캄해졌어요.

## 살겠다는 마음으로

그 후 저는 그저 강의실 책상 앞에 앉아 습관처럼 펜을 끼적이며 무기력한 나날을 보냈습니다. 모든 열정을 잃은 얼굴에는 어둠이 드리우기 시작했죠. 그리고 이내 곧 마음의 병이 찾아왔습니다. 자신의 의지와는 상관없이 특정 생각과 장면이 반복적으로 떠올라 불안해지는 병, 바로 강박증이었어요.

　뾰족한 물건을 보면 그 물건으로 다른 사람을 해치는 제 자신이 끊임없이 머릿속에서 떠올랐고, 만에 하나 제가 누군가의 털끝이라도 건드리게 될까 두려웠습니다. 잔인하리만치 제 자신을 찾아오는 것들을 막으려 필사적으로 발버둥쳤고, 그럴 때마다 되돌아오는 건 더욱더 힘을 키운 자극적인 생각뿐이었죠. 결국 저는 일상생활이 아예 되지 않는 상황에까지 이르렀고, 심리상담을 받기 시작했어요. 한없이 불안하고 나약했던 제 마음은 오랜 시간 상담을 받으면서 변화하기 시작했습니다. 아래와 같이 말이죠.

이런 생각을 하다니 나는 저주받은 인간이야.
난 평생 이런 식으로 밖에 못 살 거야.

→ 몸이 아픈 것처럼 마음도 많이 아팠던 거구나.
→ 마음이 아픈 데에는 다 이유가 있구나.
→ 나 정말 많이 힘들고 외로웠겠다.
→ 이젠 하고 싶은 대로 살아보자. 그래도 괜찮아.
→ 이런 나도 멋있네. 나 생각보다 되게 괜찮은 사람인 것 같아.
→ 앞으로는 어떠한 고난과 역경이 와도 잘 이겨낼 수 있을 것 같아.

끝이 보이지 않는 고통을 이겨내면서 발견한 한 가지 중요한 사실은 제 자신이 단 한 번도 진정한 '나'로서 인생을 살아본 적이 없다는 것이었습니다. '진짜 자아'는 '모범생, 착한 아이'라는 프레임 씌워진 자아에 잠식되어 내면 깊숙한 곳에 잠자코 있었던 것이죠. 가혹한 환경을 이겨내기 위해 제 자신에게 채찍질을 가할수록, 진짜 본질적인 자신은 아무도 알아차리지 못하는 깊은 곳으로 숨어들어간 겁니다.

프레임 씌워진 자아가 살아남아야 했던 세상에서는 진짜 자아가 무슨 생각을 하고, 어떤 감정을 느끼는지, 어떤 고민과 걱정으로 힘들어하는지 그다지 중요하지 않았어요. 하지만 대학생이 되고 그동안 제쳐두었던 '나'를 향한 고민이 한꺼번에 산더미처럼 밀려오면서 '진짜 자아'가 외치기 시작한 겁니다.

"이제 그만해. 더 이상은 못 버텨." 그 증표가 바로 강박장애였습니다.

'넌 무엇이 되고 싶어?'라는 질문에 일말의 고민 없이 법조인이라 대답해도 그 이유를 대지 못했던 과거가, 좋아하는 친구에게 상처를 받아도 별거 아니라고 넘겼던 그 순간이, 그렇게 해서 묵살해버린 수많은 걱정과, 고민과, 상처가 결국 곪아 터진채 저를 찾아온 것이죠.

## 변화의 시작

스스로를 조금씩 인정하기 시작하면서 제 삶에는 변화가 찾아왔습니다. 순간순간의 생각과 감정에 집중할 수 있게 되었고, 자연스럽게 나라는 사람에 호기심이 생겨 '나'를 주인공으로 한 수많은 질문을 퍼붓게 되었죠. '나는 지금 왜 이런 생각을 할까'와 같은 아주 근본적인 질문부터 시작해서, '법학 공부가 재미없는데 나는 도대체 어떤 것을 할 때 가장 즐거울까', '좋아하지는 않지만 돈을 많이 벌 수 있는 일이 있다면 그것을 선택하는 것이 맞을까', '부모님과 갈등이 있을 때 어떤 말투로 이야기해야 서로 기분이 상하지 않을까'와 같은 수많은 고민과 마주했어요.

물론 이 과정은 다소 복잡한 것이 사실이었습니다. 대답을 하기 위해선 때때로 애써 부정해왔던 깊은 내면의 감정과 욕구들까지 들여다봐야 했죠. 하지만 전 더 이상 모든 걱정과 고민을 무시하고 덮어두는 예전의 제가 아니었어요. 인생을 관통하는 수많은 질문에 하나씩 또 하나씩 대답해가며 수수께끼처럼 느껴졌던 제 자신이 자연스레 이해되기 시작했고, 동시에 마음속에서는 스스로에 대한 자신감이 꽃피우기 시작했습니다.

그리고 한 가지 예상치 못한 흥미로운 사실을 발견했어요. 저라는 사람은 부모님께서 바라셨던 명예와 권력보다는 인간관계로부터 얻는 기쁨과 행복감이 훨씬 큰 사람이었습니다. 동시에 인간에 대한 호기심이 아주 많은 사람이었죠. 자신에 대한 궁금증으로 시작한 고찰이 주변에 있는 가족, 친구, 그리고 더 나아가 '사람'이라는 존재로까지 이어지면서 심리학에 대한 순수한 탐구 욕구를 가진 제 자신을 발견할 수 있었습니다.

저에게도 한 번뿐인 시간과 부단한 노력을 기꺼이 바칠 만큼 진심으로 공부해 보고 싶은 학문이 있었던 것이죠. 더 이상 저는 이유도 모른 채 막연히 법조인이 될 거라고 말했던 학창 시절의 제가 아니었던 겁니다. 걱정과 고민을 마주해보니 어렵게만 느껴졌던 미래를 그릴 수 있게 되었고, 그 미래를 바라보며 현재를 어떻게 살아야 할지 알 수 있게 되었어요.


## 자신을 잃지 말자

어떻게 대처해야 할지 모르겠는 수많은 인생의 고민, 그 시작점은 보통 학창시절입니다. '나는 어떤 직업을 갖고 싶은지, 또 어떤 일을 잘 할 수 있는지, 어떤 성향의 사람을 좋아하고, 사람과의 관계는 어떻게 유지하고 싶은지' 등을 고민하는 것은 너무나 자연스러운 일이에요. 진로 고민에서부터 인간관계에 대한 고민까지, 인생을 살아가는 법을 배우는 그 첫걸음은 바로 이러한 고민에서부터 시작됩니다.

하지만 이를 막연히 '미래가 알아서 해결해 주겠지'라고 생각하며 미루고 또 회피해버리면, 조그맣던 고민거리는 어느새 불안과 두려움이라는 감정으로 점철된 거대한 시한폭탄이 되어 끊임없이 나를 따라다니기 마련입니다. 이는 어쩌면 목표하는 대학에 떨어지는 것과는 비교도 되지 않을 만큼 차원이 다른 고통일지도 모르죠.

　온전히 나로서 치열하게 현재를 고민할 때, 우리는 조금 더 행복해질 수 있습니다. 고민을 하면서 때때로 '어라? 나에게 이런 모습도 있네! 이 점은 좀 매력적인데!' 라고 생각하며 자신의 장점을 발견할 수도, 또 '이러한 점은 조금 불편하니 고쳐야겠다.' 라고 생각하며 개선할 점을 찾을 수도 있어요. 즉 자신을 더 나은 사람으로 발전시킬 수 있는, 인생에서 가장 값진 기회를 부여받는 것이죠.

　세상에 옳은 고민과 그른 고민이란 건 없습니다. 어떤 고민이든 그것이 중요하다는 생각이 든다면 그 순간을 부디 치열하게 고민해 보길 바랄게요. 부모님의 계획에 떠밀려 가지 말고 진짜 나의 계획을 세워봐요. 모든 것의 출발은 나에게 하는 질문입니다. 나 자신에게 한번 진지하게 물어보세요.

"넌 무엇을 원하니?"

# 행복한 수험생활을 하는 법

 징징

---

**한번 물어볼게요. 지금, 행복한가요?**

이 질문에 대답할 수 있나요? 갑자기 뜬구름 잡는 소리처럼 들리기도 하고, 너무 추상적인 질문이라 대답하기 힘들 수도 있습니다. 이런 질문을 던지면 많은 사람들이 보통 얼버무리곤 합니다. 행복하다는 감정을 느끼는 사람은 많지만, 행복이란 단어에 대해 생각해 본 사람은 많지 않으니까요. 그럼 질문을 달리해서 '행복이란 무엇이라고 생각하냐' 물으면 대답할 수 있을까요?

## 수험생활이 끝나면 행복해질까요?

아뇨, 절대로. 이건 확실하게 말해줄 수 있어요. 아닙니다. 가끔 너무 힘들 때, 부모님이 이렇게 말씀하신 적 있나요? "학생 때가 좋은 거야, 아무 생각 없이 공부만 하면 되잖아."라고. 저는 이 말을 들으면 내가 얼마나 힘든지, 어떻게 사는지 부모님은 모른다며, 그때의 학창 시절과 지금의 학창 시절은 난이도 자체가 다르다며 싸워댔습니다. 그런데 지금은 저도 똑같은 이야기를 하고 있다니, 우습군요. 일단 미리 얘기하자면 저는 여러분과 싸우려는 게 아니라 제 이야기를 해주려는 것이니, 공감이 되지 않더라도 괜찮습니다. 들어봐요.

제가 학창 시절에 공부하기 힘들었던 가장 큰 이유는 스스로 할 수 있는 게 없다고 느껴서였던 것 같습니다. 다른 말로 하면 수동적이라서 힘들었던 것이죠. 우리는 어릴 때부터 공부하라는 소리를 지겹게 들으며 살아옵니다. 누가 이렇게 만들었는지는 모르겠지만 대한민국의 입시 제도는 우리 모두를 공부하게 만들어요. 내가 노는 게 좋든, 요리하는 게 좋든, 운동하는 게 좋든 말입니다. 선생님, 부모님, 아니 주변의 모든 어른이 "일단 지금은 공부할 때다. 대학 가서 하고 싶은 거 해라." 그렇게 말합니다. 그리고 대부분의 학생들은 현재 공부 말고는 다른 선택지가 보이지도 않을 겁니다. 주위를 아무리 둘러봐도, 다들 공부를 하고 있으니까요. 그래서 공부를 하고, 어떻게 보면 공부를 '당하는' 겁니다. 저 역시 어릴 때부터 그랬기 때문에 공부가 자연스럽게 싫어지고, 공부하는 게 힘들었어요. 그래서 전

성인이 되고, 입시가 끝나면 모든 게 해결될 줄 알았어요. 혹시 당신도 그렇게 생각하고 있나요? 수능만 끝나봐라, 대학만 가봐라 등등. 대부분의 학생들은 공부가 힘들기 때문에 입시가 끝나고 대학에 가면 지금의 나보다는 행복해질 수 있다고 생각합니다. 그런데 정말 그럴까요?

제 고향은 경상도라, 대학에 입학하게 되면서 가방을 메고 서울로 상경했었습니다. 자취방을 구하고 새내기로서 대학 생활을 하게 되니 너무나 행복했어요. 부모님의 잔소리 없이 내가 원하는 대로 하루를 꾸려 나가고, 새로 사귄 친구들과 밤늦게까지 놀기도 하고. 학교 수업은 정해진 틀 없이 듣고 싶은 수업을 골라 들을 수 있었고, 가끔은 아예 듣지 않고 놀러 가기도 했습니다. 그동안 입시 준비하면서 맺힌 한을 풀 듯 정신없이 즐겼어요.

그런데 생각보다 세상은 쉽지 않았습니다. 분명 고등학생 때는 내가 할 수 있는 게 공부밖에 없어서 힘들었으니 대학생이 되면 자유롭고 행복할 줄 알았는데 막상 정신을 차려 보니 제가 느낀 건 행복이 아니었습니다. 오히려 사회에 내던져졌다는 느낌이 적절한 것 같아요. 준비할 겨를도 없이, 한순간에 말입니다.

평생을 공부만 한다고 집안일엔 손도 대지 않았었는데 모든 끼니를 혼자 해결해야 하고, 청소와 빨래 등 모든 집안일이 온전히 제가 해야 할 일이 되어 있었어요. 그리고 독립을 했으니 돈을 벌어야 했습니다. 성인으로서 살아가려면 생각보다 많은 돈이 필요하다는 것도 그때 처음 알았어요. 생활비뿐만 아니라 친구를 만나든, 하고 싶은 게 생겼든, 사고 싶은 게 생겼든 뭘 하든 간에 돈은 필요하다는 것을 알게 된 것입니다.

그래서 저는 과외와 아르바이트를 병행하며 바쁘게 돈을 벌었고, 그러다 보니 놀 시간도 공부할 시간도 부족해져서 이리저리 치이기 시작했습니다. 제가 생각한 대학 생활은 이런 게 전혀 아니었는데 말이죠. 책임이란 말의 무게를 그때 처음으로 깨달았습니다. 어른이 된다는 건 자유를 얻는 것과 같은 뜻이라고 생각했는데 실은 나에 대한 책임을 오롯이 지는 것이었던 거죠.

그런데도 사실 진짜 저를 힘들게 한 건 집안일도, 돈도 아니었습니다. 12년 동안 학교에 다니면서 내가 뭘 좋아하고 뭘 잘하는지도 모르고 시키는 공부만 했는데 막상 스무 살이 되니 성인이 되었다는 이유로 아무도 날 책임져주지 않는다는 사실이었어요. 다 알아서 하라고 말할 뿐, 아무도 제게 방향을 알려주지 않더군요. 마치 사회가 제게 "지금까지는 튜토리얼이었고, 이제부터는 알아서 게임을 플레이해나가시면 됩니다. 지침서 같은 건 없습니다."라고 말하는 듯했어요. 하라는 대로만 하고 평생을 살아왔는데, 청천벽력이었습니다.

'그냥 생각 없이 군대에 가고, 대학을 졸업하면 되나? 그럼 그 후에 나는 뭐가 되어 있는 거지? 뭘 해야 하는 거지?' 이런 식의 생각들이 끝없이 물고 늘어지더군요. 어떤 직장을 찾아야 할지도 모르겠고, 지금은 어떤 준비를 해야 하는지도 모르겠고.

한마디로 정리하면 미래가 전혀 그려지지 않았던 겁니다. 뭘 해야 하는지 몰랐던 거죠. 그래서 저는 오히려 사춘기 때가 아니라 성인이 되고 한동안 방황했던 것 같습니다. 동물원 안에서 평생을 살던 호랑이가 자연에 던져지면 사냥할 줄 모르고 굶어 죽는 것처럼, 뭘 해야 할지 몰라서 말입니다.

스무 살이 되고, 대학에 가면 분명 지금의 여러분보다는 자유로울 겁니다. 내가 하고 싶은 걸 하고, 원하는 대로 살아갈 거예요. 하지만 그 자유 뒤에는 거대한 책임이 존재한다는 걸 직접 느껴보기 전엔 모릅니다. 물론 저도 몰랐답니다. 그 책임이 주는 막막함이, 자유로움이 주는 기쁨보다 클지도 몰라요. 그러니 막연히 대입이 끝나면 행복해질 것이라고 생각하면 당신도 분명 수능이 끝난 뒤 크게 실망하게 될 거예요. 행복은 우리가 찾아 나서야 해요. 행복은 미래에도 있지만 현재에도 있습니다. 당신만의 방법을 찾아낸다면, 입시를 준비하는 지금의 당신도 분명 행복해질 수 있을 겁니다.

## 우선 당신이 주인공이라는 사실을 잊지 마세요

인생이란 결국 '내가' 만들어 가는
'나의' 삶이라는 것.
그것을 잊지 마세요.

정말 수험생활도 행복할 수 있냐구요? 물론입니다. 이제 행복해지는 연습을 할거예요. 그러기 위해서 당신의 삶이 당신의 것이라는 것을 먼저 알아야 합니다. 비록 당신이 당장 대입이라는 과제 앞에 놓인 고등학생이라고 할지라도 말입니다. 당신의 과거와 현재, 미래, 그리고 행복으로 향하는 길까지도 오롯이 당신의 것이고 당신만이 그려나갈 수 있습니다. 비유해보자면 당신은 인생이란 게임의 플레이어입니다. 당신이 처한 모든 상황은 게임의 배경이자 난이도이고, 당신을 제외한 모든 사람은 NPC(＝Non-Player Character)인 거죠. 그러니 현재 당신이 처한 상황에 좌절하거나 이를 회피하지 말아요. 그렇게 설정된 게임이니 말입니다. 그리고 다른 사람과 비교하는 건 의미가 없습니다. 그는 단지 NPC니까요.

당신은 그저 게임의 항로를 설정하고, 달려 나가면 됩니다. 레벨을 올려서 강해져도 되고, 이곳저곳을 돌아다니며 여유롭고 자유롭게 플레이해도 되고, 누구도 생각지 못한 새로운 방향으로 게임을 진행해도 됩니다. 단 다른 플레이어들의 공략을 따라 하다가 '왜 난 똑같이 안되지' 하며 좌절할 필요는 없어요. 각자 공략법이 다르니까요.


## 지금, 행복을 선택할 수 있습니다

행복이 그렇게 거창하고 먼 곳에 있는 것만은 아닐 겁니다. 지금부터 핸드폰 갤러리를 열어봐도 좋고, 조용한 음악을 틀어놓고 눈을 감아도 좋고. 과거에 행복했던 순간이나 추억을 떠올려 봅시다. 어떤 것이든 좋아요. 친구들과 추억이 담긴 사진도, 남몰래 좋아했던 친구도, 시험 점수가 잘 나와서 짜릿했던 순간도. 입가에 미소가 지어지지 않나요? 그 모든 게 추억이고, 그건 어느 누구도 건드릴 수 없는 당신만의 소중한 자산입니다.

과거를 회상해 보았다면, 구체적이지 않아도 괜찮고, 가까운 미래여도 상관없으니 앞으로를 상상해 봅시다. 내일 점심시간에 친구랑 산책하면서 무슨 수다를 떨지, 다음 달에 찍을 졸업사진 때 어떻게 꾸미고 찍을지, 수능이 끝나면 뭐 하고 놀지, 생각만 해도 기대가 되지 않나요? 한 걸음 더 가봅시다. 대학생활중에 하고 싶은 일이 있을 수도, 여행을 다니며 자유로움을 느끼고 싶을 수도, 전문성을 확보하여 위대한 업적을 남기고 싶을 수도 있겠죠. 앞으로에 대한 기대감 또한 오늘을 열심히 살수 있는 원동력이 될 겁니다. 다른 말로 희망이라고도 하죠. 이런 과거의 추억과 미래에 대한 희망들이 그대가 이 시기를 힘낼수 있게 도와줄 겁니다. 그러면 지금 살고 있는 '현재'는 어떤가요? 물론 매일 공부가 반복되는 일상이기는 하지만 저는 조금다른 시각을 가지려고 노력했어요. 마치 유튜브에서 별별 재미있는 지식을 알려주는 채널의 영상을 보듯이, 조금 궁금한 마음을 가지고 오늘 공부를 대하는 것이었죠. 오늘은 내가 공부해서무엇을 알게 될까? 오늘은 어떤 문제를 풀게 될까? 이런 생각을 가지는 것이 처음에는 조금 어려운 시도지만 이렇게 생각하면 그날 하는 공부가 훨씬 재밌게 느껴지는 건 사실이에요. 과거에 좋았던 생각, 가까운 미래에 대한 기대감, 그리고 오늘 이 자리에서 하는 공부에 대한 약간의 호기심. 이것이 공부하는 오늘을 행복하게 해주는 3박자가 아닐까요?

저는 때로 부정적인 생각이 들 때면 '아 몰라, 어떻게든 되겠지'하며 훌훌 털어버리고 그 생각에 빠지지 않으려고 노력했어요. 내 인생의 주인공은 바로 나 자신이고, 내 생각은 내가 선택할 수 있으니까요. 오늘 하루 어떤 생각을 할 계획인가요? 이 비루한 수험생활도 그 선택에 따라 낭만적이고 행복할 수 있습니다. 그러니 우리 필사적으로 행복한 생각을 선택하자고요.

# 답 없는 인생, 괜찮을까

 아리

---

"오늘 하루, 잘 살았나요?"

아마 이 질문에 잘 대답하는 분들도 있겠지만, 그렇지 않은 분들도 있을 것입니다. 혹은 저 질문 자체가 스스로의 인생에 대한 추궁처럼 느껴지는 분들도 계실 것입니다. 제 경우가 그랬습니다. 저는 스스로 매일매일을 '잘 살아가야 한다'고 생각했고, 제가 생각하는 정답의 기준을 만족시키지 못한 날은 실패한 날이라고 생각했습니다. 그래서 매일 스스로를 검열하며 실패를 하지 않고자 늘 발버둥쳤고, 오늘도 내가 정답의 길에서 벗어나지 않았는지, 오늘 하루 실패하지는 않았는지 생각하며 살았습니다. 그런 저에게 '잘 살았냐'는 질문은 곧 제 자신을 검열하기 위한 질문이었고, 스스로에 대한 추궁과도 같았습니다.

하지만 대학 입학 후, 인생에는 애초에 정답이 있는 게 아니었음을 깨달았습니다. 그리고 제 인생을 조금은 편하게 대할 수 있게 되었어요. 만일 제가 대학 입학 후 깨달은 내용을 한 살이라도 일찍 알았더라면, 조금이라도 더 숨통을 트고 공부할 수 있었을 텐데라는 아쉬움이 남습니다. 그래서 이렇게 글을 통해 제 이야기를 들려드리고자 해요. 혹시나 저와 비슷한 이유로 괴로워한다면 이 글이 당신에게 심심한 위로가 될 수 있기를 바랍니다.

## 내가 지금 잘 살고 있는 걸까?

학생 때의 저는 제 인생에 확신을 가지지 못했습니다. 사실 지금도 딱히 확신이 있는 건 아니지만요. 하지만 이런 고민으로 고통 받던 과거와 다르게, 지금의 저는 이 고민을 지금은 훨씬 잘 풀어나가고 있습니다. 바로 실패를 바라보는 관점을 달리하는 것입니다.

이야기를 시작하기 전에 질문을 하나 드릴게요.
여러분께 '실패'란 무엇인가요?
내가 기대한 바에 미치지 못한 것? 후회되는 것?
그래서 자기 자신이 실망스럽게 느껴지는 것?

과거의 저에게 실패란 '내가 잘 살고 있지 않다'는 증거이자, 정답에서 벗어난 것이었습니다. 예를 들어 저는 중요한 시험을 망치는 것을 실패라고 생각했습니다. 수시로 대학을 갈 생각이었기 때문에 모든 내신 시험 하나하나가 제게 너무 중요했어요. 1학년 때부터 완벽한 내신을 챙기고자 혈안이 되어 있었고, 단 하나의 시험도 망치면 안 된다고 생각했죠. 그래서 내신 시험에서의 낮은 점수는 곧 저에게 '실패'를 의미했어요. 제가 늘 목표로 했던 90~100점의 점수가 아니었다면, 그 시험은 실패였습니다.

낮은 점수는 제가 공부를 충분히 하지 않았다는 걸 보여주는 증거였고, 낮은 점수를 받은 저는 공부를 더 해야 했지만 그렇지 못했으므로 '잘 살지 못한 것'이었습니다. 심지어 제가 목표하는 대학은 명실상부 국내 최고의 입시 결과를 자랑하는 서울대학교였습니다. 그래서 단 하나라도 낮은 점수가 있으면 절대로 원하는 대학에 갈 수 없을 거라고 생각했던 저에게, 시험을 망쳐버린 행위는 곧 정답이라 믿어왔던 대학 가는 방법에서 벗어나는 길이었습니다. 한 마디로, '오답'이었습니다. 그렇게 저는 제가 생각하는 정답에서 벗어나지 않기 위해, 오답에 빠지지 않기 위해 열심히 발버둥 치며 살았습니다. '잘 사는 것'에서 조금이라도 벗어나면 '실패'이고 '오답'이라고 생각하며 살아왔습니다.


## 실패, 생각보다 별거 없던데?

그렇게 살던 중 사건이 하나 발생합니다. 고등학교 2학년 1학기 중간고사에서 수학 시험을 완전히 망쳐버린 것입니다. 지금까지 늘 1등급, 가끔 실수하면 한 과목 정도 2등급이 뜨던 '전교 1등'이 학년 평균에 가까운 점수를 받았습니다. 선생님들은 모두 충격을 받으셨어요. 한 선생님께 교무실로 불려가서 "너 수학 때문에 서울대 못 가면 어떡할래?"와 같은 소리까지 들었습니다.

당연히 속상했습니다. 저는 나름대로 수학 공부를 열심히 했다고 생각했거든요. 평소 수학 과목이 약함을 잘 알고 있었기 때문에 수학 문제집도 사서 풀고, 모르는 문제가 있으면 선생님께 적극적으로 여쭤보고 해결하면서 열심히 공부했습니다. 하지만 낮은 점수는 제 노력 부족의 증거였습니다. 제가 열심히 노력했다고 생각했음에도 불구하고 그건 결국 저의 착각이었다는 것을 제 점수가 증명하고 있던 것입니다. 낮은 수학 점수는 제가 잘못 살았다, 실패했다는 것을 보여주는 증거였고, 저는 정답의 길에서 벗어난 과거의 제게 실망스러웠습니다.

그런데 뭔가 이상했습니다. 나는 나인데, 그냥 평소보다 점수가 낮게 나왔을 뿐인데, 내가 비록 낮은 점수에 속상해할지언정 '나'라는 사람은 어제와 똑같은 '나'일 뿐인데 주변 사람들이 더 난리였어요. 정작 저한테는 아무 일도 일어나지 않았는데, 주변 사람들이 더 호들갑을 떨면서 '너 잘못 살았다'고 저에게 외치고 있었습니다. 그러니까 그에 대한 방어기제로 '아닌데? 이거 잘못 산 거 아닌데?' 하는 생각이 들었습니다. 아마 스스로를 지키고 싶은 마음에 발동된 방어기제였겠죠. 그리고 내가 잘못 산 게 아니라는 것을 증명하고 싶었습니다. 시험을 못 본 것도 속상한데 누군가에게 "쟤 이번에 시험 망쳤대." 혹은 "이번에 수학 공부는 별로 안 했니? 왜 그랬어?"와 같은 소리까지 듣는 것은 더 힘들었습니다.

그래서 저는 사람들에게 '실패하지 않은 나', '정답의 길을 걷는 나'의 모습을 다시 보여주겠다고 뼈저리게 다짐했습니다. 다른 사람들에게 '실패한' 사람의 모습으로 비치는 것이 너무나도 싫었기 때문에 '여전히 정답의 길을 걷고 있음'을 증명하고자 원래의 궤도로 돌아오기 위해 남은 일들에 최선을 다했던 것입니다. 제가 실패하지 않았음을 증명하고자 뼈를 깎는 노력으로 남은 일들에 임했습니다. 중간고사 바로 뒤를 이은 수행평가를 잘 보기 위해서 수학 교과서를 거의 통째로 외우다시피 했고, 기말고사를 준비하면서는 교과서와 문제집의 수많은 문제 중 단 한 문제도 빠짐없이 완벽하게 이해하고 넘어가고자 했습니다. 이와 같은 실패를 다시는 경험하고 싶지 않았기에 국어, 영어 등의 과목도 수학만큼의 시간과 노력을 쏟으며 공부했습

니다. 결과적으로 수학에서는 수행평가와 기말고사에서 만점에
가까운 점수를 얻어 등급을 회복하는 데 성공했고, 기말고사에
서는 다시 전교 1등의 자리로 당당하게 올라올 수 있었습니다.
제가 생각했던 정답의 궤도에 다시 들어올 수 있었던 것입니다.

그때 이걸 깨달았습니다. 실패는 생각보다 별거 아니고,
100%까지는 아니더라도 어느 정도는
회복할 수 있다는 것을 말입니다.

그리고 이 깨달음은 그 이후 수능 때까지의 저의 멘탈을 단단
하게 만들어주었습니다. 예를 들어 시험을 망치면 수행평가 잘
보면 되고, 내신이 낮으면 자기소개서랑 면접 잘하면 되고, 수시
망치면 수능 잘 보면 된다는 식으로요. 효과는 정말 좋았습니다.
이런 멘탈을 가지고 결국 제가 정답이라고 생각했던 '서울대 입
학'에 성공했으니까요.

## 대학에 와서는 정답이 없었어요

그렇게 오답과 실패를 극복하는 법을 배우고 저는 다시 '정답'
으로 돌아가 원하는 대학에 입학했습니다. 대학에 입학한 후에
는 정말 여러 가지 사건이 있었습니다. 그 속에서 도전과 성공과
실패를 모두 맛보며 살다 보니, '사실 정답은 없는 게 아니었을

까?' 하는 생각이 들었어요. 그리고 역설적으로 제 인생의 갈피를 못 잡게 되면서 이 생각을 확신하게 되었죠.

잠깐 다시 고등학생 때 이야기를 하자면, 저는 고등학교 2학년 때 '윤리와 사상'과 사랑에 빠졌습니다. 처음에는 단지 '인간'과 '세상'이라는 주제를 두고 사상가마다 다르게 설명하는 것이 재미있었거든요. 이 사상가들의 수많은 논의가 결국 '어떻게 살아야 하는가?'라는 근본적인 물음으로 수렴되는 것도 매력적으로 다가왔습니다. 이후 '생활과 윤리'에서 사상가들이 이야기한 추상적인 원리가 어떻게 우리 삶과 밀접한 관련을 맺는지 보며, 대학에서도 윤리를 공부하고 싶다는 마음이 들었습니다. 그래서 수능 때도 '생활과 윤리', '윤리와 사상'을 치고 윤리교육과에 진학했고, 그 후에는 윤리교육과에 왔으니 당연히 중고등학교 윤리 선생님이 되어야 한다고 믿었습니다.

그런데 대학을 와 보니 교실보다 넓은 세상에 관심이 갔습니다. 서울대학교에는 넓은 사회에서 잘 나가는 것처럼 보이는 선배들이 많았습니다. 그리고 그런 선배들은 대부분 경영학을 공부해서 대기업에 취업하거나 직접 창업을 한 경우였어요. 그래서 이번에는 저런 선배들처럼 멋진 사람이 되어야겠다는 생각에 경영학과 복수전공을 신청했습니다.

문제는 제가 한평생 경영 쪽에 단 한 번도 관심을 가져보지 않았다는 것입니다. 심지어 경영학에는 숫자와 계산이 빠질 수가 없는데 저는 어렸을 때부터 수학을 가장 싫어했습니다. 그러다 보니 정작 경영학과 복수전공에 합격했음에도 불구하고 경영학 공부를 할 엄두가 나지 않았어요. 그러면서도 경영학을 공부하지 않으면 취업은 사실상 불가능할 것 같고 그렇다고 또 내가 정말로 취업을 원하나? 그것도 아니었습니다.

특별히 하고 싶은 것도 없고, 정답이라고 믿어왔던 길들은 내 길이 아닌 것 같았어요. 사회가 정답이라고 믿는 길을 따라 서울대학교까지 왔는데 여기서 답을 잃어버린 거예요.

이때 또다시 '내가 잘 살고 있는 걸까?'라는 질문이 저를 괴롭혔습니다. 사실 처음에는 정답을 잃어버렸으니 잘 살고 있는 게 아니라고, 실패라고 생각했습니다. 그런데 이번에는 실패를 회복할 방법도 떠오르지 않았어요. 내가 돌아가야 할 길이 명확하게 보였던 고등학생 때와 달리, 이번에는 어떻게 정답으로 돌아가야 할지 떠오르지 않았죠. 그래서 처음에는 진짜로 인생 잘못 살았다, 인생 망한 것 같다고 생각했습니다.

그런데 '내 인생 얼마나 망했나' 돌아보니까 정답이 뭔지도 모르겠더라고요! 애초에 정답을 모르니 정답으로 돌아가는 길도 몰랐던 거예요. 그리고 항상 정답을 추구하면서도 정답과 상관없이 하고 싶은 일들을 다 해왔던 저의 대학 생활을 돌아봤습니다. 즉흥적인 성격 때문인지 하고 싶은 동아리, 학회, 대외활동 다 하면서 살았죠. 이것들이 처음에는 정답과는 상관없는 샛길이라 생각했지만, 잘 생각해보니 모두 지금의 저를 만드는 과정이라는 생각이 들었어요. 결과적으로 더 나은 저를 만든 경험들이었기 때문에 결코 실패나 허튼짓은 아니었던 것입니다.

'애초에 정답이 뭔데? 실패는 뭔데?'라는 의문이 들면서 정답에서 멀어져 망한 줄 알았던 제 인생이 사실은 망한 게 아니라는 생각이 들기 시작했습니다. '정답에서 벗어난 것은 잘 살지 못하는 것. 즉 실패'라는 머릿속 공식이 깨지는 순간이었습니다. 그래서 그때부터는 '어차피 내 인생에 정답은 없으니 흘러가는 대로 살아보자'는 생각을 가지게 되었습니다. 자연스럽게 '내가 잘 살고 있는 걸까?'라는 질문에 더 이상 예전만큼 고통스러워하지도 않았습니다.

## 인생은 열린 결말

'실패 없는 인생은 없다'라는 유명한 말이 있죠. 누구든지 실패를 경험할 수 있으니 실패해도 너무 낙담하지 말라는 뜻으로 많이 쓰입니다. 그런데 전 이 문장을 조금 바꿔보고 싶습니다.

'인생에 실패는 없다.'

사실 우리가 '실패'라고 부르는 것은 곧 '정답'에서 벗어난 걸 의미하는 경우가 많잖아요. 그런데 애초에 정답이 없었다면? 어떻게 인생이 흘러가든 그건 다른 길일뿐이지 실패가 아닌 겁니다. 고등학교 때 중간고사에서 목표보다 낮은 점수를 받았어도 만회할 기회가 있었고, 그 굴곡이 그 자체로 저에게는 잊지 못할 특별한 경험이었던 것이죠. 만약 제가 입시에 성공하지 못했어도 저의 인생은 결코 거기서 끝나지 않았을 거예요. 대학에 떨어졌다면 물론 마음이 많이 아팠겠지만 저는 그 아픔을 딛고 흘러 흘러 저의 길을 갔을 것입니다.

사실 저는 제가 이렇게 스타트업에서 일도 하고, 글을 통해 여러분을 만나게 될 거라고 생각하지 못했습니다. 앞서 말한 샛길에서의 경험이 저를 이곳으로 이끌었습니다. 과거의 저였다면 '잘못 든 길'로 쭉 걸어간 셈입니다. 하지만 그건 실패도 아니고 성공도 아닌 그냥 '이렇게 글을 쓰고 있는 행복한 저'를 만들었을 뿐입니다.

서울대학교 학생이 된 지금도 저는 어디로 튈지 모르는 제 인생의 길을 열심히 걸어가고 있습니다. 비록 인생이 어디로 향하는지는 모르지만, 순간순간을 사랑하며 나름 만족스럽게 살아가고 있어요. 그리고 지금까지의 경험이 저를 이곳으로 이끌었으니 이곳에서의 경험이 저를 또 어디로 이끌지 궁금하기도 합니다. 나의 인생은 정답도 없고 실패도 없는 과정이고, 그 끝은 나도 모르는 열린 결말이라는 것을 받아들이니 미래가 불안하기보다는 기대되는 게 조금 더 큽니다.

지금도 수많은 사람들이 자신이 생각하는 정답에서 벗어나는 것을 두려워하고 '내가 지금 잘 살고 있는 건지' 자기 자신에게 끊임없이 되물으면서 다가오지 않은 미래를 걱정합니다. 하지만 인생에 정해진 정답은 없습니다. 정답이 없으니 실패도 없죠. 또 우리의 인생은 잘못 들었다고 생각한 길에서 새로운 기회를 찾을 수도 있고, 실패라고 생각한 경험에서 얻은 능력으로 더 나은 자신을 만들 수도 있는, 활짝 열린 결말이자 과정 그 자체입니다. 그러니 우리 인생을 좀 더 편하게 받아들이도록 해요. 마지막으로, 제 인생 모토를 말씀드리고 글을 마치도록 하겠습니다. 지금 잘 살고 있나요?

"잘 살고 못 사는 게 어디 있나요,
그냥 흘러가는 대로 사는 거지."

## '행복을 찾는 너를 위해'
## 세 번째 이야기를 마무리하며

헤르만 헤세의 《데미안》에 이런 구절이 있죠.

한 사람 한 사람의 삶은 자기 자신에게로
이르는 길이다. 길의 추구, 오솔길의 암시다.
일찍이 그 어떤 사람도 완전히
자기 자신이 되어본 적은 없었다.
그럼에도 누구나
자기 자신이 되려고 노력한다.

그러니 어디로 가야하는지 모르겠다고 너무 괴로워하지
마세요. 걸어가는 것을 포기하지만 않으면 됩니다. 그 길 위
에서 우리는 나 자신을 다시 알게 될 것이며, 또 새로운 선
택을 하게 될 것입니다. 그리고 그 모든 선택은 결국 단 하
나의 길로 귀결됩니다.

내 앞에 놓인, 인생이라는 길 말입니다.

**-나노-**

이번 챕터를 정리하면서, 대학 이후의 네 삶에 도움이 될 몇 가지 팁을 줄게.

## 1. 대학을 주체적으로 활용하기

여러 번 이야기했지만, 대학은 절대 만병통치약이 아니야. 대학에 간다고 해서 진로가 분명해지거나, 취업이 보장되거나, 마음의 문제가 해결되는 건 아니라는 말이지. 이렇게 믿고 있으면 나중에 당황스럽고 '이럴 거면 왜 공부했나.' 회의감이 들 수도 있어. 실제로 이런 이유로 대학 생활에 적응하지 못하는 대학생들이 많다고 하더라고. 예전에는 대학교 2학년 때 보통 이런 생각을 한다고 해서 '대2병'이라고 부르기도 했다. 그러니까 나중에 믿었던 대학에 발등 찍히지 말고 미리 경계하자!

중요한 건 대학에 간 후에도, 대학에서 제공하는 각종 기회를 주체적으로 활용하는 거야. 아무것도 하지 않으면 아무 일도 일어나지 않는다고들 하잖아? 반대로 말하면 뭐라도 말하면 무슨 일이든 일어날 수 있다는 말 아닐까. 공부도, 동아리도 , 대외활동도 결국 내가 해야 의미가 있는 거야. 그리고 뭐든 하다 보면, 나에 대해서 그리고 내가 가야 할 길에 대해서 더 잘 알게 될 거라고 생각해. 뭐든 주체적으로 살아야 의미가 있다는 사실을 기억하자! 이건 비단 대학 생활뿐만 아니라 네가 지금 하고 있는 학교생활도 마찬가지야.

'나노' 멘토의 이야기를 들려줄게.

"저는 대학에 가고 나서 굉장히 다양한 활동을 한 편 입니다. 동아리도 두 개는 해봤고, 교육 봉사도 했고, 대외 활동도 했지요. 어떤 활동도 제가 가만히 있는데 이루어지지는 않습니다. 뭐든 내가 찾아서 신청해야 하고 가끔은 면접도 봐야 해요. 그래서는 저는 활동을 하기 전에 항상 '나는 무엇을 하고 싶나, 왜 하고 싶나'를 생각했었습니다. 거창한 이유를 생각했던 건 아니에요. 하다못해 단순히 재미있어지고 싶어서라도 나름의 이유가 있어야 활동을 적극적으로 하게 되더라고요. 가끔은 너무 많은 활동을 하느라 힘에 부치기도 했지만 결국 내가 선택한 것이기 때문에 끝까지 열심히 했습니다. 이런 태도마저 경험이 되어 제 안에 남았다고 생각해요."

대학에서 할 수 있는 다양한 활동들은 학교 및 학과 홈페이지, 학교 커뮤니티, 포스터 등을 통해서 알 수 있어. 나중에 대학에 가게 된다면 조금이라도 관심이 간다면 일단 알아봐. 그리고 그 중에서 마음에 드는 것들은 주저 없이 도전해 보기를 바라!

## 2. 나에 대해 고민하기

이렇게 주체적으로 행동하기 위해서는 대학에 간 후에도 '나에 대한 고민'을 멈추지 말아야 해. 내가 무엇을 하고 싶은지, 무엇을 즐거워하는지, 무엇을 어려워하는지 등등. 그래야 대학에 온 후에도 주체적으로 선택할 수 있고, 모든 경험을 진짜 너의 것으로 만들 수 있을 거야. 멘토들도 끊임없이 자기 자신에 대해 고민했기 때문에 방황 끝에 자신만의 답을 얻을 수 있었던 거라고 생각해. 이건 비단 대학 생활에만 적용되는 일은 아니야. 대학 이후에도 우리의 삶은 이어질 것이고, 그만큼 주체적으로 선택해야하는 일도 계속 생길 테니까.

막연히 '너 자신에 대해 고민해!'라고 하면 너무 어렵겠지? 몇 가지 예시 질문을 줄게.

지금까지 했던 일들 중에 제일 뿌듯했던 건 뭐야?
가장 어려웠던 일은 뭐야?
너를 제일 즐겁게 만드는 건 뭐야?
너를 제일 갑갑하게 만드는 건 뭐야?
사람하고 함께 하는 일이 좋아?
아니면 혼자 하는 일이 좋아?

이 정도의 질문만 깊게 고민해도 대학 생활 중에는 도움이 될 거야. 지금부터 고민해도 좋아. 그런데 혹시 나중에 잘못된 선택을 한 것 같더라도, 너무 낙심하지는 마. '왜 나는 이 일이 안 맞을까?' 고민해서 나중에 더 나은 선택을 하면 되는 거니까.

혹시 그래도 너무 막막하다면 주변에 도움을 요청하도록 하자. 친구, 선배, 선생님, 다 좋아. 학교에서 학생들을 위한 상담

프로그램에 참여할 수도 있어. 상담 프로그램에서는 치료뿐만 아니라 자신을 알기 위한 각종 테스트나 진로 상담을 진행하기도 하지. 심지어 이 모든 걸 무료로 해주기도 해. 그러니 기왕이면 이런 프로그램을 적극적으로 활용하는 게 좋겠지? 나에 대한 고민이라고 꼭 혼자서 할 필요는 없어.

이 챕터의 끝에 '아리' 멘토가 했던 말 기억나?

하지만 인생에 정해진 정답은 없습니다.
정답이 없으니 실패도 없죠.
또 우리의 인생은 잘못 들었다고 생각한 길에서
새로운 기회를 찾을 수도 있고
실패라고 생각한 경험에서 얻은 능력으로
더 나은 자신을 만들 수도 있는
활짝 열린 결말이자 과정 그 자체입니다.

입시도 대학도 아니 사실 인생까지도 우리가 거치는 과정일 뿐이야. 정답이 정해진 것도, 완벽한 결말이 있는 것도 아니지. 그렇기에 오히려 멋진 걸지도 몰라. 무엇이든지 할 수 있고, 가능하니까 말이야. 대학에 들어간 너는 또 어떻게 성장할지 벌써 기대되지 않아?

계속해서 이어질 너의 인생에 힘찬 응원을 보내며, 이야기를 마칠게.

# CHAPTER 4
## 지금부터 시작하는 법

마지막으로 함께 나누고 싶은 이야기가 있어.

바로 '지금'에 관한 것들이야.

멘토의 이야기를 들으면서

지금부터 무언가를 시작해도 될지

시작한다면 어떻게 시작해야 할지 한번 생각해보자.

# 내신 7등급이 서울대생이 된 이야기

 잭팟

들어가기에 앞서, 제가 왜 잭팟이라는 별명을 가지게 되었는지 말씀 드릴게요.

때는 제가 고등학교 2학년 반 배정을 받을 때였습니다. 한 학년이 끝나고 다음 학년으로 넘어갈 때, 학생종합기록부를 나눠주잖아요? 확인하고 이상한 거 있으면 고쳐야 하니까요. 저도 그래서 받았습니다. 제 전설의 학생부를 말이죠. 크게 신경 쓰면서 보지는 않았는데, 마지막 페이지에 제 성적표가 있더라고요. 그래서 뭐 잘못된 거 없나 확인하고 있었죠.

그런데 갑자기 짝이 제 성적표를 보더니 엄청 웃는 거예요. 그러다가 갑자기 큰 소리로 "이 XX 내신에 잭팟 터졌다"고 소문을 내고 다니더라고요. 제 1학년 내신 성적이 국어 7등급 수학 7등급 영어 7등급이었거든요. 그래서 한 동안 잭팟 내신이라고, 전교 1등 부러워할 것 없다는 위로를 들으면서 학교를 다녔습니다.

그 당시에는 상당히 무덤덤했었는데, 지금 생각해보면 참 신기합니다. 저희 학교는 1학년 때부터 문이과를 나눠서 문과가 120명 정도 있었어요. 7등급이면 하위 11%~23%까지니까 저희 학교에 문과 7등급이면 각 과목 당 13명 정도 있는 셈인데, 세 과목 모두 저 13명에 제가 들어갔던 거죠.

지금 생각하면 나름 뿌듯하기도 합니다. 왜냐? 지금은 서울대에 왔으니까요. 모든 것이 나중엔 좋은 추억이 되더라고요. 이 글을 읽는 당신도 지금 이 순간이 꼭 저처럼 좋은 추억이 되었으면 좋겠습니다.


**내가 '서울대생'이 되기까지**

제 이야기를 듣고 '내신 7등급이 어떻게 서울대를 갔을까?', '어쩌면 뭔가 특별한 비결이 있지 않을까?' 생각하실 수도 있을 것 같아요. 이제 말씀 드리자면, 제가 서울대를 올 수 있었던 이유는 단 하나입니다.

## 공부를 정말 많이 했어요.

그럼 공부를 얼마나 많이 해야 서울대에 갈 수 있을까요? 저는 재수 할 때, 9월 모의고사 본 이후로는 아침 7시부터 밤 10시까지 식사 시간 2~3시간만 빼고 공부했었습니다. 매일 13시간 정도 했던 것 같네요. 사람이 어떻게 13시간 동안 공부를 하냐고요? 걱정하지 마세요. 저도 똑같이 생각했었습니다. 하루에 3시간 공부하는 것도 힘든데, 13시간? 말도 안 되죠. 그런데 또 막상 하니까 하게 되더라고요.

앞에서 말했지만, 저는 고등학교 1학년 때 내신 7등급 학생이었습니다. 하루에 공부를 거의 안 했던 것 같아요. 그냥 학원에 가서 시간만 때우다 오는 정도였죠. 왜 그랬냐고요? 저는 중학교 때까지 프로게이머가 하고 싶었습니다. 그래서 중학교 때 공부를 잘 안 했어요. 당연히 고1 때도 잘 안 했고, 고2 때도 마찬가지였죠. 중학생 때까지 프로게이머를 꿈꾸다가 접고, 고등학교 와서 제가 새롭게 품은 꿈은 바로 야구선수였습니다. 그때는 진짜 진지하게 야구선수가 하고 싶었어요. 어느 정도로 진지했냐면, 엄마한테 학원 간다고 돈 받아서 그 돈으로 동네에 있는 야구 학원에 가서 야구를 배웠습니다. 일주일에 한 세 번은 갔던 것 같아요. 그렇게 고1, 고2 때는 야구를 정말 열심히 했습니다. 그때 진지하게 야구부 있는 학교로 전학도 가볼까 생각했었어요. 그런데 야구 학원 코치님이 "너 지금 초등학교 선수보다 야구 못한다."라며 말리시더라고요. 그 말을 듣고는 계속 실력을 키우다가 성인이 되면 일본에 가려고 했었습니다. 야구에는 저와 같은 케이스가 많다고 하더라고요.

그 정도로 야구에 진심이었던 제가, 제 인생을 바꾼 책을 한 권 읽게 됩니다. 바로 '서울대 야구부의 영광'이라는 책이에요. 방학 숙제라서 읽었는데, 이 책을 읽고 저는 한 가지 사실을 알게 되었어요. 바로 서울대학교는 운동선수 출신을 선발하지 않아서, 제가 가도 야구부에 들어갈 수 있다는 것이었죠. 그 사실을 알고 머리를 열심히 굴렸습니다. 일본에 가서 눈물 젖은 빵을 먹으며 야구하는 것과 서울대에 가서 서울대학교 과잠 입고 멋있게 야구하는 것. 아무리 봐도 후자가 좋잖아요. 그때부터였습니다. 제 미래의 행복에 서울대가 추가된 것이.

그런데 내신 7등급이 어떻게 서울대에 가겠어요. 당시의 저는 공부하는 법도 잘 몰랐었습니다. 그래서 고등학교 2학년 때까지도 막연하게 생각만 했지 제대로 공부하지는 않았어요. 그런데 고등학교 3학년이 되어서 생각해보니 서울대가 정말로 가고 싶어지더라고요. 서울대만 가면 국가대표도 될 수 있을 것 같고, 정말 행복할 것 같았어요. 그래서 고3 되기 전 겨울 방학에 야자를 신청했고, 강제로 하루에 9시간을 책상 앞에 앉아 있게 되었습니다.

## 고등학교 3학년부터 공부했던 방법

생판 공부란 걸 안하다가 갑자기 하루에 9시간을 하려고 하니까 너무 힘들더라고요. 그래서 처음에는 자기도 하고, 인강 듣는다고 하고 몰래 아이패드 가지고 놀기도 했습니다. 그래도 워낙 오랜 시간을 앉아 있으니까, 공부를 꽤 하게 되긴 하더라고요. 그렇게 공부의 '시작'까지는 왔습니다.

그 당시 제 공부는 일명 '양치기'였습니다. 아는 게 없으니까, 일단 모든 과목의 문제집을 엄청 풀었어요. 그렇게 두 달 정도 공부하고 3월을 맞이하니 3월 모의고사 성적은 국수영 343 정도가 나왔습니다. 사실 그렇게 만족스럽지는 않았어요. 방학 동안 꽤 많은 공부를 했는데, 생각보다 성적이 안 올랐다고 생각했거든요.

하지만 포기하지 않고 꾸준히 공부했습니다. 양적으로도 많은 문제를 풀었고 어떻게 하면 더 잘 풀 수 있는지 끊임없이 공부했어요. 그렇게 6월, 9월 평가원 모의고사를 봤는데 국어랑 수학 점수가 많이 올랐더라고요. 9월 모의평가에서는 국어 2등급, 수학 1등급을 받을 수 있었습니다. 이 시기에는 수업 시간에 자습하는 것을 포함해서 하루에 9시간 정도 공부했던 것 같아요. 그 9시간 동안 ebs 문제집, 사설 문제집을 사서 풀고, 풀었던 것을 또 사서 풀고, 정말 많은 문제를 풀었습니다. 결국 수능에서 국어는 2등급, 수학은 100점을 받았습니다. 단 1년이라는 시간이 낳은 기적적인 역전이었어요. 하지만 영어는 애초에 해석을 할 줄 모르니, 문제를 아무리 많이 풀어도 실력이 늘지가 않더라고요. 결국 수능에서 4등급을 받았고, 서울대는 당연히 떨어지게 되었습니다. 그렇게 눈물을 머금고 재수를 하게 되었어요. 그럼 이제부터 저의 재수 시절 얘기를 해볼까 해요.

## 1. 목숨처럼 지킨 규칙적인 하루 루틴

일단 저는 재수학원을 다니지 않았습니다. 원래 3월 첫 주에 재수학원에 등록하고 일주일 정도 다녔었는데, 그 공간이 너무 답답하더라고요. 도무지 이 생활을 1년 이상 할 자신이 없었어요. 그래서 부모님과 상의 끝에 학원을 그만두었습니다. 사실 매우 불안하긴 했지만, 그래도 제 자신을 믿기로 했습니다. 대신 스스로 약속을 했어요. 절대 늦잠자지 않기로. 그리고 저는 수험생활 내내 이 약속을 지켰습니다.

매일 매일 11시 반에 침대에 누워서, 다음날 7시에 일어났어요. 12시에 잠든다고 가정하고, 매일 7시간의 수면시간을 챙긴 것이죠. 7시에 일어나서는 샤워하고 아침식사 하고, 매일 8시에 가장 먼저 동네 구립 도서관에 가서 공부를 했습니다. 모의고사 보는 날을 제외하고, 또 일요일 제외하고는 매일 이 패턴을 지켰어요. 수험생활에서 가장 중요한 것은 이렇게 규칙적인 생활을 하는 것입니다.

저는 하루의 공부를 세 부분으로 나눴어요. '아침 공부, 점심 공부, 저녁 공부' 이렇게 말이죠.

✓ 아침 공부 (8시 ~ 11시 반)

1시간 30분씩 국어→수학→영어 영역 순으로 공부했습니다.

✓ 점심 공부 (점심 식사 후 4시간 정도)

수학과 사회탐구 영역을 공부했어요. 당시 한국사 점수 올리는 것이 어려워서, 4시간 중 1시간 30분 정도는 매일 한국사 영역에 투자했었습니다.

✓ 저녁 공부 (저녁 식사 후 3시간 반 정도)

다시 1시간 30분씩 국어→수학→영어 영역 순으로 공부하고 하루를 마무리했습니다. 전체적인 틀은 이렇게 유지했고. 시간이 지나면서 공부시간을 조금씩 늘려나갔어요.

이런 규칙적인 생활은 하루아침에 만들어지는 것이 아닙니다. 천천히 습관을 만들어 보는 것이 중요해요.

## 규칙이 기적을 만든다

> 정말 신기한 건,
> 하루 13시간 공부가 습관이 되는 순간
> 정말 하나도 힘들지 않다는 것입니다.

그러니 당신도 꼭 한 번 이렇게 규칙적인 습관 만드는 것에 도전해봤으면 좋겠습니다. 우선, 처음부터 연속해서 3시간 이상 공부하는 것은 무리가 있으니 천천히 늘려가 보세요. 처음에는 하루에 두 시간씩(중간에 쉬는 시간 10분 정도) 세 번, 총 여섯 시간을 공부하는 겁니다. 그러다가 좀 적응이 되면 각 파트를 30분씩 늘려 나가는 거죠. 그러면 어느 순간 파트 당 3시간 공부하는 것도 가능할 것입니다.

물론 습관이 형성되기까지는 꽤 힘들 거예요. 50분이라는 시간도 순수하게 집중하기는 쉽지 않잖아요? 만약 중간에 집중이 좀 흐트러진다면, 일어나거나 핸드폰을 보지 말고 우선 시간을 채울 때까지 앉아 있어 보세요. 이렇게 한 달을 버티면 정말 달라진 당신을 발견할 수 있을 것입니다.

## 2. 전과목의 밸런스 맞추기

다음으로 강조하고 싶은 것은, 한 과목에 너무 몰두할 필요가 없다는 거예요. 수험생활은 매우 길고, 또 수능이라는 시험은 잠깐 벼락치기를 한다고 성적이 올라가는 시험이 아닙니다. 그런데 많은 친구들이 국영수 완성해놓고 사탐을 시작한다든가, 혹은 수학 1등급 나왔으니까 이제 수학을 접어 두고 사탐에 올인한다든가 하는 선택을 해요. 이런 생각은 정시를 준비하는 친구들에겐 정말 안 좋은 생각입니다. 특정 과목이 성적이 안 나와서 마음이 급해지고 불안한 것은 이해하지만, 모든 과목을 균형있게 매일 매일 공부하지 않으면 특정 과목에 대한 감을 잃어버리게 돼요. 재수생들이 재수에 실패하는 큰 이유이기도 합니다. 현역 때 부족했던 과목은 성적이 올랐는데 예기치 않게 원래 잘했던 과목이 잘 나오지 않아서 재수를 하고도 원하는 대학에 못가는 사례가 엄청 많습니다. 모든 과목에 대해 긴장을 늦추지 않도록 해야 합니다.

## 결심했다면 증명해보세요

마무리하기 전에 한 가지 질문을 해보겠습니다. 과연 이 세상에 7등급에서 서울대 온 사람이 저 한 명일까요? 사실 아닙니다. 이런 케이스는 정말 많아요. 제 주변에도 저처럼 뒤늦게 정신 차리고 역전한 사람들이 꽤 있습니다. 그리고 저 역시 수험 생활을 할 때 이와 같은 사례를 들으면서 희망을 품곤 했었죠.

그 당시 제게 희망을 주었던 어떤 선생님의 공부 자극 영상에 대해 이야기 해줄게요. 저에겐 중학생 때부터 거의 매일 붙어 다니던 친구가 두 명이 있습니다. 삼총사처럼 오랜 시간을 함께 보냈죠. 이 두 친구는 모두 저처럼 공부에 큰 뜻이 없었습니다. 재미있는 건 이런 친구들도 고3이 되면 다들 공부를 시작한다는 것이에요. 물론 저도 고3이 되어서 공부를 시작했죠.

이 친구들이랑 고3이 되고 4월쯤이었을 겁니다. 각자 자신의 방법으로 나름 열심히 공부를 하고 있던 상황이었어요. 고등학교가 각각 전부 달라서 주말에 오랜만에 친구 집에 모여서 치킨을 먹다가 그 공부 자극 영상을 보게 되었습니다. 영상의 주인공인 선생님도 지금의 저와 비슷한 케이스였어요. 고2 때까지 양아치처럼 지내다가 정신 차리고 미친듯이 공부해서 명문대에 입학한 사람이었죠.

그 선생님이 자기가 왜 공부를 시작했는지, 또 어떻게 공부했는지 설명해주시더라고요. 말씀하시는 것을 듣고 있으니까 저도 정말 할 수 있을 것 같았습니다. 그냥 책상에 조금 오래 앉아 있으면 되는 거니까, 전혀 어렵게 느껴지지 않았어요. 당시의 저는 고3이 되면서 열정이 불타오르고 있었던 상태였으니까요.

그렇게 친구들이랑 "와 명문대 진짜 가능할 것 같다", "열심히 해보자" 이런 얘기를 하면서 영상을 보고 있었습니다. 그런데 영상의 마지막 부분에 선생님이 이런 말씀을 하시는 거예요.

"이 영상을 보는 여러분은 절대 변하지 않아요." 그 선생님이 수십 년 강의를 하면서 이런 얘기를 많이 해왔었는데, 학생들이 항상 얘기를 들을 때는 눈이 초롱초롱해지고 열정이 가득 차오르지만, 막상 시키는 대로 책상에 오래 앉아 있으면 힘들어서 제대로 하지 못한다는 겁니다.

저는 이 이야기를 듣고 화가 났어요. 나는 정말 마음 단단히 먹었는데, 나의 결심을 무시하는 것 같아서요. 그런데 선생님이 이 말씀 뒤에 한 가지 얘기를 더 하시더라고요.

"만약 네가 이 얘기를 듣고 화가 난다면
너의 결심을 스스로에게 증명해봐라.
정말 네가 제대로 결심했다면
내일까지 휴대폰 없애고, 머리 밀고 공부시작해라.
그렇지 않으면 너는 변하지 못한다.
만약에 한다면 너는 할 수 있는 사람이다."

이 얘기를 듣고 '굳이 이렇게까지 해야 하나?'라는 생각도 들었습니다. 영상이 끝나고 친구들이랑 이야기를 했어요. 세 명 전부 확신이 없더라고요. 갑자기 머리를 밀고 핸드폰을 없애라니. 이 시대에 무슨 머리를 밀라는 건가 싶었죠. 그러나 꽤 긴 얘기를 한 뒤에는 일단 시키는 대로 해보자고 결론을 내렸습니다. 저것만 하면 성공할 수 있다고 하는데, 명문대 갈 수 있다고 하는데 못할 게 뭐가 있나 싶더라고요. 그렇게 다음 주에 만날 때는 머리 밀고, 휴대폰 없애고 만나자고 약속하고 헤어졌습니다.

그리고 다음 주가 되었습니다. 약속을 지킨 사람은 저 한 명이었어요. 다른 친구들은 전부 머리도 안 밀고, 휴대폰도 안 없앴더라고요. 물론 다들 변명도 많았습니다. '자기는 휴대폰 없으면 과외 선생님이랑 연락을 못한다', '휴대폰으로 인강을 봐야 해서 없애면 안 된다' 등등. 그런데 저는 학원을 안 다니고, 인강을 안 봤을까요? 그냥 의지의 차이였을 뿐입니다.

이 세 명의 수험 생활은 과연 어떻게 되었을까요? 당연히 저 빼고 전부 명문대 입시에는 실패했습니다. 한 명은 지방에 있는 사립대학으로 진학했고. 한 명은 수도권에 있는 다른 대학교에 진학했어요. 물론 둘 다 지금 행복하게 살고 있지만, 당시에 목표했던 대학을 못 간 것은 맞죠.

성공 사례를 보고 마음을 먹는 것은 너무 쉽습니다. 아직 안 해 봤으니, 얘기만 들으면 저도 할 수 있을 것 같거든요. 그런데 시작해보면 너무 어려워서 금방 포기하게 됩니다.

## 자신의 결심을 스스로에게 증명해보세요

남이 아닌 나 스스로에게 자신의 결심을 증명하고자 하면 습관이 만들어질 때까지 힘든 것은 어떻게든 참아낼 수 있습니다. 제 빡빡머리를 보면서 책상에서 일어나고 싶을 때 한 번 더 참고 공부하게 되는 것이죠. 이 이야기를 들은 당신도 자신의 결심을 스스로 증명해보았으면 좋겠습니다. 그것이 정말 큰 차이를 만들어낼 거예요. 만약 당신이 정말로 기적을 만들고 싶다면 한번 사는 인생 멋있게 살아보고 싶다면 지금 당장 시작하세요. 결심에 내일부터는 없습니다. 지금 당장만 있을 뿐이에요.

7등급이었던 저도 서울대에 왔는데
당신이 못할게 뭐가 있겠습니까.
수험생활, 이건 당신의 인생을 바꿀 수 있는
정말 좋은 기회입니다.

알았지? '잭팟' 멘토처럼 너도 지금부터 시작하면 돼.
공부멘탈을 다 잡고 지금부터 시작하는 널 위해,
마지막 파트에서는
구체적인 '과목별 공부법'을 함께 알려주려고 해.
국어, 수학, 영어 순으로 믿을 만한 공부법을 모았어.

중심을 잡고
다시 시작해보자!

# 실패 없는 국어 공부법 ─────

🐱 비숍

**《너를 국어1등급으로 만들어주마》 저자** 김범준

저는 고3 내내 국어 성적이 3등급 아니면 4등급이었습니다. 결국 수능에서도 3등급을 받았죠. 그런데 재수를 하면서 국어 공부법을 깨닫고 2개월만에 고정 1등급 실력을 갖추게 되었습니다. 3월 모의고사까지도 상위 23%였던 제가, 방법을 깨달은 뒤 6월 모의고사 상위 5%, 9월 모의고사 상위 2%, 수능 상위 3% 성적을 받게 되었습니다.

이 경험을 통해서 저는 한 가지 깨달았습니다. '방향'. 그게 전부였다는 걸요. 대학교에 입학하고 21명의 학생들을 과외하면서 방향만 잡아줘도 순식간에 3등급이 1등급이 되고, 7등급이 2등급이 된다는 걸 깨달았습니다. 물론 하루에 3시간에서 4시간 시키는대로 공부한 경우에 말이죠.

세상에 쉽게 얻어지는 성적이란 없을 것입니다. 그러나 저는 적어도 여러분이 매일 3~4시간씩 국어 공부를 하고 3등급 맞는 일은 없게 해드리겠다고 말씀드릴 수 있겠습니다. 수능 국어는 독서와 문학 그리고 문법, 화법과 작문 이렇게 4가지의 영역으로 출제되고 있는데요. 한 책의 저자로써 아래에 구체적이고 믿을만한 공부법을 영역별로 제시해보겠습니다.

## 독서 공부법

독서 공부법을 이해하기 위해서는 우선 출제자가 독서로 측정하고 싶은 능력이 무엇일지 생각해 봐야 합니다. 평가원에서 제공한 '수능 학습방법 안내서'를 보면 수능 국어를 통해서 '대학에서 원만하게 수학(修 닦을 수, 學 배울 학)할 수 있는 능력'이 있는지 측정한다고 말하고 있습니다. 대학교를 가면 전공 서적도 읽어야 하고 논문도 읽어야 합니다. 그런데 그런 글들을 읽고 이해하지 못한다면 어떨까요? '수학(修 닦을 수, 學 배울 학)'할 수 없겠죠. 그래서 수능에서는 이 학생이 전공 서적, 논문 같은 어려운 글을 읽고 이해할 수준이 되는지 판단하려 합니다. 어려운 글도 '잘 읽고, 잘 이해하는' 학생을 뽑으려는 것이죠. 그러면 다음 질문은 "어떻게 공부해야 잘 읽고, 잘 이해할 수 있는가?"일 겁니다.

### 독서의 핵심 1

독서 공부를 할 때 가장 중요한 한 가지를 명심해야 합니다. "내가 지금 이해하고 있는가?" 여러분이 문제를 틀리는 이유는 지문에서 답의 근거를 빨리 찾지 못했기 때문이 아니라 '이해'를 못했기 때문입니다. 이해를 어떻게 하면 더 잘 할 수 있을까요? 첫 번째로 우리는 기출 문제에 있는 독서 지문들을 읽고, 한 문장도 빠짐없이 '중학생에게 설명하듯' 더 쉽게 표현할 수 있어야 합니다. 중학생에게 설명하려면 쉬운 단어를 선택해야 하고, 개념을 더 간단히 표현할 수 있어야 합니다. 이런 행위는 문장을 완전히 이해한 경우에만 가능하죠. 사람은 자신이 완벽히 이해한 것만 '더 쉽게' 설명할 수 있습니다.

공부를 할 때, 우선 평소 풀 던 대로 지문을 먼저 풀어 봅니다. 그리고 이후에는 한 문장 한 문장 입으로 중얼거리면서 더 쉽게 설명해봅니다. 그렇게 하다보면 문제 풀 땐 이해하면서 읽었다고 생각했는데, 더 쉽게 설명할 수 없는 문장이 나옵니다. 그럼 멈추고 그 문장이 무슨 뜻일까 곰곰이 고민해봅니다. 바로 그렇게 고민할 때 '잘 읽고, 잘 이해하는' 능력이 향상됩니다. 먼저 이 연습을 하루에 푸는 모든 기출문제에 적용하여 훈련해보세요.

기출 문제집은 재질, 디자인 등을 보고
자신에게 맞는 걸 고르면 됩니다.
또 해설이 상세할수록 좋습니다.
저는 개인적으로 《마르고 닳도록》이라는
책이 가장 좋았습니다.
해설이 다른 책에 비해 매우 상세한 편이고
실제 시험지와 똑같은 형식으로
구성되어 있어서 좋았습니다.

## 독서의 핵심 2

독서 공부의 두 번째 핵심은 글이 이해가 안될 때는 천천히 읽어야 하고, 함부로 넘어가지 않아야 한다는 것입니다. 시험장에서 글을 대충 읽을수록 문제에서 훨씬 더 많은 시간을 쓰게 됩니다. 한 번 읽을 때 자신이 할 수 있는 최대한으로 이해한다는 생각으로 문장을 천천히 읽어가세요. 지문 읽는 시간과 문제 푸는 시간 비율은 '8대 2' 정도가 적당합니다.

아마 여러분은 "근데 천천히 이해하면서 읽으면 한 지문 읽는 데 30분이 걸리는데요?"라고 반문하고 싶을 겁니다. 네, 그게 지금 자신의 독해력인 겁니다. 자신의 독해력이 30분인 거예요. 근데 여기서 인위적으로 '빨리 읽으려고' 하다보면 독해력은 절대 안 오릅니다. 시간은 신경 쓰지 말고 문장을 100% 이해하고 넘어가는 것에만 신경 쓰세요. 그러다보면 시간은 '자연스레' 줄어듭니다.

물론 시험장에서는 한 지문을 1시간 동안 읽을 수는 없으니까, 자기가 할 수 있는 한 '최대한 빨리' 읽고 넘어갑니다. 모의고사 때 저는 최대 15분까지 쓰고 그래도 안 풀리면 찍고 넘어갔습니다. 하지만 우리의 목표는 수능이지 모의고사를 잘 보는 것이 아니라는 것을 기억하세요. 꾸준하고 지독한 훈련으로 '수능 때까지' 제한 시간에 다 풀 수 있는 독해력을 기르면 됩니다. 생각보다 그 기간은 오래 걸리지 않습니다.

독서는 이 두 가지가 모든 핵심코드입니다. 즉 '문장의 의미를 100% 이해하고 넘어가야 한다. 그 방법은 스스로 더 쉽게 설명해보기. 그리고 문장 읽을 때 이해가 안됐다면 넘어가지 말 것. 그 문장을 다시, 천천히 읽어볼 것.' 이 원칙만 지키면 성적은 알아서 오릅니다.

## 문학 공부법

문학도 공부법을 깨닫기 위해서는 '왜' 문학을 내는 걸까 생각해보아야 합니다. 수능 출제 매뉴얼을 보면 '작품을 읽고 깊이 있는 감상을 할 수 있는지'를 측정한다고 나와 있습니다. 여기서 걸리는 단어가 있습니다. 바로 '감상' 이라는 단어입니다.

작품을 어떻게 읽는 것이 '감상' 하는 걸까요? '감상' 한다는 건 무슨 뜻일까요? 우리는 이미 '감상' 의 뜻을 알고 있습니다. 감상이라는 단어는 일상 속에서 '영화 감상' 이란 말로 가장 많이 접할 수 있습니다. 우리는 영화를 보고 울고, 웃습니다. 때론 화내기도 하죠. 그럼 우리는 왜 영화를 보고 울고, 웃고 화내는 걸까요? 바로 인물의 감정, 상황에 '공감' 했기 때문입니다. 여기서 문학을 '감상' 한다는 말의 의미를 알 수 있습니다. 시나 소설을 감상한다는 건 시나 소설 속에 나오는 화자, 인물의 감정에 '공감' 하고 그들의 상황을 '이해' 한다는 뜻입니다.

수능 문제는 그 안을 깊이 들여다보면 전부 이 '공감 능력'에 대해서 물어보고 있습니다. 인물의 감정이 어떤지, 인물이 왜 그렇게 행동한 건지, 화자가 보고 있는 걸 같이 상상할 수 있는지 등을 말만 바꿔가면서 물어봅니다.

그럼 어떻게 이 '공감 능력'을 기를 수 있을까요? 크게 시와 소설로 나눠서 말해보겠습니다.

## 1) 현대시/고전 시가 읽기

현대시와 고전 시가는 작품에 쓰인 어휘가 현대어이고, 고전어라는 것만 다르지 나머지는 다 똑같습니다. 그렇기 때문에 푸는 방법도 동일합니다.

현대시, 고전 시가를 읽을 때는

> 1. 화자가 지금 어떤 마음인가? 그리워 하는가? 기대하는가?
>    실망하는가?
> 2. 화자가 왜 이런 행동을 하는가? 왜 발길을 돌리는가?
>    왜 눈물을 흘리는가? 왜 갑자기 친절하게 구는가?
> 3. 화자가 지금 뭘 보고 있는가? 바다를 보고 있는가?
>    산을 보고 있는가? 기억 속 풍경을 떠올리고 있는가?

이 3가지를 생각해줘야 합니다. 그리고 이런 질문들에 답을 못

하겠는 시나 구절이 나오면 시간을 써서 고민해봅니다. 바로 그 과정에서 시를 해석하는 능력이 향상되는 것입니다. 처음에는 몇 시간이 걸려도 좋습니다. 최대한 풍부하게 생각하는 걸 목표로 두세요.

## 혼자서는 이해할 수 없는 부분을 만났을 때

이렇게 공부하다 보면 도저히 내 머리로는 이해할 수 없을 거 같은 작품이나 구절을 마주하게 될 겁니다. 그때는 자신이 듣고 있는 인강 선생님의 해석을 들어보는 것이 좋습니다. 인강을 들으면서 선생님은 어떻게 감상했는지, 나는 왜 저렇게 감상하지 못했는지 비교해보는 것이죠. 듣는 인강이 없다면 기출 문제집 해설서를 봐도 좋고 유튜브나 인터넷에 해당 작품을 검색해봐도 좋습니다. 그렇게 자신의 감상과 타인의 감상을 비교해보면서 '공감'능력, 화자가 보고 있는 것을 같이 보는 '이미지화 실력'을 키우면 됩니다. 혼자 공부할 때는 이 2가지 능력을 키우는 데 최선을 다하시기 바랍니다. 이것이 평가원에서 공식적으로 밝히고 있는 문학 공부법입니다.

## 시험장에서

시험장에서는 이제껏 쌓은 감상 능력을 기반으로 시 속 화자에게 최대한 공감하며 읽어야 합니다. 또 이미지도 같이 떠올려 주면서 읽습니다. 이때 주의할 것은 시험장에서 문학작품을 읽으면서 너무 주관을 심하게 넣거나 해석이 안되는 부분까지 오래 잡고 있으면 안된다는 겁니다. 우리가 아무리 열심히 감상을 해도 시험장에서는 100% 감상하지 못할 가능성이 큽니다. 시간이 부족하기도 하고, 엄청 긴장되기 때문이죠. 그렇기 때문에 시험장에서는 내가 할 수 있는 만큼만 하고 문제로 가면 됩니다. 무슨 말인지 모르겠는 부분은 생각을 집어 넣기보다는 그냥 놔두는 것이 좋습니다. 해석이 안되는 부분은 문제의 선택지나 <보기>를 통해서 의미를 잡을 수 있게 주는 경우가 많기 때문입니다. 해석이 완벽하게 안된다고 너무 스트레스 받지 않아도 됩니다.

### 2) 소설 읽기

다음으로 소설 푸는 법에 대해 말해보겠습니다. 현대 소설, 고전 소설을 읽을 때는 무엇보다도 각 '인물의 성격'을 잡아내는 것이 가장 중요합니다. 소설 초반부에 인물의 행동, 인물의 마음속 생각을 말해줄 겁니다. 그러면 그때 반드시 이 인물이 '어떤 유형의 사람인지'에 대해 생각해봐야 합니다. 소설도 시와 감상하는 방법이 크게 다르지 않습니다. 소설도 아까 시 파트 설명에서 말한 3가지 조건을 생각하며 읽어주면 됩니다. 시에서는 '화자'의 내면에 공감하고 '화자'가 보고 있는 것을 상상해야 했다면 소설에서는 그게 '등장인물'로 바뀐 것에 불과합니다.

요즘 수능 문제를 보면 인물이 인식하는 세계, 인물의 내면을 아주 섬세하게 물어봅니다. 정답률이 낮은 문제들을 찾아보시면 전부 인물의 내면 상태를 깊숙이 물어봅니다. 이런 식으로 문제가 나오면 인물이 세상을 어떻게 바라보는지 이해하지 못한 사람, 인물의 마음에 공감하지 못한 사람은 문제를 틀리게 되죠. 그래서 혼자 문학 공부를 할 때는 감상 능력을 키워야 하는 겁니다. 그러기 위해서는 소설을 풀 때도 무슨 말인지 이해가 안되는 구절에서는 몇 번이고 시간을 들여서 이해하고 넘어가야 합니다.

시와 마찬가지로 소설에서도 이해되지 않는 부분은 인강 선생님의 해설을 들어보는 것이 좋습니다. 또 해설지를 참고하거나 유튜브, 인터넷 검색을 하면서 구절에 대한 이해를 높여가야 합니다.

## 고전소설을 읽을 때 유의할 점

고전 소설과 현대 소설은 접근법은 똑같지만
현대 소설에 비해 인물이 많이 나오는 편이라
헷갈릴 수 있습니다. 그래서 초반부에 인물이 마구
쏟아져 나온다면 멈추고 머릿속으로 정리한 뒤에
계속 읽어야 합니다. 또 고전 소설은 인물을 부르는
호칭에 따라 이 인물이 어떤 사람인지 파악할 수
있으므로 어휘 정리가 중요합니다.
한림, 시비, 노복, 비복, 공주, 부마, 승상 같은
단어들의 뜻을 반드시 알고 있어야 합니다.

마지막으로 이것만 기억하세요. 문학 공부를 할 때 스스로에게 항상 질문해야 합니다. "내가 지금 '공감'하고 있는가? 그냥 줄거리만 파악하고 있는 건 아닌가?" 문학은 그 작품을 읽으며 진심으로 공감한 사람만이 다 맞힐 수 있습니다.

문법 공부법

이번엔 문법 영역입니다. 대부분의 학생들이 문법 공부 할 때 가장 중요하게 명심해야 하는 것 3가지에 대해서 말씀드리겠습니다.

## 1) 이해하기 어려울수록 파고 들기

수능 문법 파트에서 복잡하고, 이해하기도 어려운 파트가 몇 개 있습니다. 어간/어미 불규칙, 사이시옷, 접사, 중세 국어 같은 파트 들이죠. 이런 부분을 공부할 때 반드시 한 번은 제대로, 완벽히 이해하고 넘어가야 합니다. 모든 학생들이 이런 부분을 어려워하는 만큼 출제자 입장에서는 문제 내기에 아주 좋은 영역이기 때문입니다.

저도 재수 시절 방금 말한 파트들을 공부하는데, 너무 복잡해서 그냥 대충 이해하고 넘어갔었습니다. 그런데 6월, 9월 모의고사에서 해당 파트 문제가 나왔고 그때 깨달았습니다. '어려운 부분일수록 명확히 이해하고 있지 않으면 수능장에서도 틀리겠구나.' 반드시 어려운 부분을 피하지 말고 완벽하게 이해할 때까지 정면돌파 해야 합니다.

## 2) 기초적인 개념일수록 반복해서 보기

이런 질문에 명확하게 설명할 수 있어야 합니다.
품사란 무엇인가? 문장 성분이란 무엇인가?
조사란 무엇인가? 보조사의 역할은 무엇인가?
안긴 문장에는 뭐가 있는가?
주어인지 아닌지는 어떻게 판단하는가?
어미가 무엇인가?
접미사의 종류에는 무엇이 있는가?

기초적인 개념일수록 안다고 생각하지만, 구체적으로 물어보면 잘 모르고 있는 경우가 많습니다. 2021학년도 수능에서 오답률 1위가 안긴 문장, 안은 문장과 관련된 문법 문제였습니다. 단 20%의 학생들만 맞췄습니다. 안긴, 안은 문장은 정말 기초적인 개념인데도 말입니다. 기초적인 개념이다 보니 소홀히 공부하게 되고, 그러다 보니 점차 기억 속에서 지워지는 것입니다.

### 3) 최소 1000문제 풀기

하루 5문제씩 200일 동안 풀면 1000문제입니다. 문법은 다른 파트에 비해서 문제를 많이 풀어보는 것이 무엇보다 중요합니다. 왜냐하면 문제를 푸는 과정에서 개념이 명확해지기 때문입니다. 개념 강의만 들어서는 절대 100점을 받을 수 없는 것이 문법입니다. 배운 개념이 어떻게 활용되는지 문제를 통해 학습하는 과정이 반드시 필요합니다.

문법은 개념이 쓰인 예시를 많이 보면 많이 볼수록, 다양한 형식의 문제를 많이 접하면 접할수록 시험장에서 판단이 빨라지고 정답률이 높아집니다.

'서술어 자릿수' 개념을 내가 개념서를 읽고 이해했다고 해도 이후에 다양한 사례를 보면서 적용해보는 것이 중요합니다. 문제를 통해 '지었다, 걸었다, 유리하다' 등의 서술어 자릿수를 생각해보고, 여러 예시를 만나보는 과정에서 개념은 더 정교해집니다. 문법은 꼭 문제를 통해 완성해야 합니다.

모의고사나 수능에서 '언어와 매체', '화법과 작문' 중 '화법과 작문'을 응시하기로 선택하면, 총 45문제 중 화법과 작문 11문제가 나옵니다. 그중에서 처음 1번에서 3번까지는 화법 문제이고, 4~8번은 화법과 작문 융합 문제, 9번~11번은 작문 문제가 나옵니다.

*화법과 작문은 무슨 책으로 공부해야 하나요?

화법과 작문은 기출문제집으로 공부하는 것이 가장 좋습니다. 기출 문제에 나왔던 표현이나 선택지가 계속 반복돼서 나오기 때문이죠. 제가 추천드리는 기출 문제집은 ≪마더텅 화법과 작문≫, ≪매3비 화법과 작문≫, ≪마르고 닳도록 화법과 작문≫입니다. 세 책 모두 해설이 상세하고 좋기 때문에 이중에서 고르신다면 자기가 보기에 디자인이 가장 마음에 드는 걸 골라 푸시면 됩니다.

\*인강은 들어야 하나요? 들어야 한다면 어떤 인강을 들어야 하죠?

화법과 작문은 반드시 인강을 들어야 하는 파트는 아니라고 생각합니다. 혼자서 기출 문제집을 풀면서 이런 선지가 많이 나오는 구나, 이런 식으로 오답을 만드는 구나를 정리해도 문제 없다고 생각해요. 하지만 스스로 이런 포인트들을 잡아내기 힘들다 하는 학생들은 인강을 추천합니다. 제가 추천 드리는 인강으로는 메가스터디 강민철 선생님의 '기출 분석 [화법과 작문]' 강의, 대성마이맥 김승리 선생님의 '2023 ALL OF KICE [화법과 작문]' 강의가 있습니다.


## 화법과 작문에 대한 기본 이해와 팁

화법과 작문은 말 그대로 '말하는 법'과 '글쓰는 법'에 대한 문제입니다. 그렇기 때문에 지문을 읽으면서 내용보다는 '어떻게' 말하고 있는지 '어떻게' 글을 쓰는지를 이해하는 데 더 집중해 줘야 합니다. 화법과 작문은 문제마다 제시된 흐름에 맞게 푸는 문제들이 대부분이라 어렵지 않게 풀 수 있는 경우가 많습니다. 그래서 여기에서는 특정 공부법보다는 틀리지 않기 위해 꼭 유의했으면 하는 부분을 알려드리고 싶습니다.

1) 화작에는 항상 나오는 선택지가 있습니다. '전문 용어의 개념을 설명하고 있다', '예를 들어 설명하고 있다', '시각 자료를 활용하고 있다' 같은 선택지들 말이죠. 그래서 기

출 문제를 풀어보면서 이런 선택지들을 배경지식으로 머릿속에 넣어야 합니다. 그렇게 되면 지문을 읽으면서 미리 선택지를 예상할 수 있게 됩니다. 정답률, 속도가 빨라지는 것이죠.

2) 작문에서는 '표제, 부제, 전문' 등 작문에서만 쓰이는 단어들이 있는데 단어 뜻을 몰라서 접근이 안되는 경우가 있습니다. 이 단어들의 뜻을 명확하게 알아둬야 합니다.

3) 마지막으로, 항상 작문의 끝에는 '자료 활용' 문제가 나오는데, 이 문제가 작문에서 가장 어렵다고 할 수 있는 문제입니다. 이 문제가 어려운 이유는 빨리 풀고 싶은 마음에 <보기> 속 자료를 제대로 이해하지 않기 때문입니다. 이 문제를 맞히기 위해서는 시간을 들여서 꼼꼼하게 자료를 읽어주고 넘어가야 합니다.

4) 그리고 화법과 작문에서 공통적으로 주의할 것이, 요즘에 들어 정말 섬세한 포인트들로 정답, 오답을 가른다는 것입니다. 2022학년도 수능 화작 40번 문제 정답률이 무려 22%입니다. 문장 하나, 단어 하나로 정답 오답을 만드는 경우가 많아졌습니다. 세부적인 텍스트를 놓치지 않도록 특별히 유의해야 합니다.

화법과 작문은 독서나 문학에 비해서 전반적으로는 정답률이 높습니다. 화작의 문제 난이도가 낮다 보니 방심하고 대충 읽게 되고, 따라서 이해를 제대로 못 한 채 풀게 되면서 틀리는 것입니다. 화법과 작문 역시 핵심이 이해에 있다는 것을 잊지 말고, 위의 요령을 숙지하여 실수 없이 기출문제를 푸는 연습을 해야 합니다.

저에게 할애된 분량 안에서 모든 내용에 예시를 들어가며 구체적으로 설명하지는 못했지만, 국어 전반의 핵심적인 공부법을 모두 요약해서 녹여보려고 노력해 보았습니다. 위 내용들은 이론적인 방법론 혹은 국어 공부법에 대한 학문적 설교가 아닙니다. 비록 요약된 내용이지만 그동안 많은 학생들이 성적을 어떻게 올렸는지, 간결하고 섬세하게 기록한 결과물이라고 자신합니다. 반복해서 읽고 적용해보시면 좋겠습니다. 이 글을 읽는 한 학생이라도 국어 공부의 변화가 있기를 바랍니다.

# 실패없는 수학 공부법 ━━━━━━

 아리 서림

혹시… 수학 혐오자인가요?

사실 저는 수학을 처음 배우던 20년쯤 전부터 꾸준히 수학을 싫어해왔고, 지금도 싫어합니다. 어느 정도였냐면 아주 어렸을 때 수학을 처음 배우면서 숫자 세는 것도 잘 못해서 엄마가 '얘는 공부랑 인연이 없구나'라고 생각했던 얘기도 있고, 좀 커서는 학습지를 풀었는데 두 자릿수 덧셈을 못해서 똑같은 학습지를 3번이나 푼 적도 있어요. 그리고 'x'의 개념을 처음 배울 땐 전혀 이해를 못해서 그것도 같은 학습지를 2번인가 3번을 풀었던 것으로 기억합니다. 그리고 지금도 여전히 수학을 싫어합니다.

이처럼 우리는 모두 저마다 나름의 사정이 있지만 그래도 모두 수학을 공부해야 하는 운명이에요. 최소한 수능을 볼 때까지는! 따라서 수학을 정말 싫어하고 극혐하는 학딩이들을 위한 수학 공부법을 준비해보았습니다. 앞으로 평생 수학을 보지 않고 살기 위해 수능 때까지 수학을 공부해야 하는 아이러니에 빠진 학생들을 위한 수학 공부법이라고 생각하면 되겠습니다.

## 수학을 시작할 때 이것만은 NO!

가장 먼저, 수학을 싫어하지만 그래도 꾸역꾸역 하는 학생들에게 꼭 당부하고 싶은 게 있어요.

바로, 개념도 제대로 모르고 문제만 풀지 말라는 것이에요!

저처럼 수학을 싫어하는 학생들이 수학을 공부할 때 가장 흔히 하는 실수 중 하나가, 개념도 모르고 무작정 문제집부터 사서 푸는 거라고 생각해요. 너도 나도 다 푸는 그 유명한 문제집 몇 종류 있잖아요? (A, B, C 있는 한 글자짜리 문제집이라던지, XX원리라던지 등등….) 물론 수학의 개념에 대해 어느 정도 이해하고 있는 친구들은 수학문제를 많이 풀면 도움이 됩니다. 무조건이요. 그런데 개념을 이해하지 못한 학생들은 문제집을 풀더라도 계속 제자리에서 맴돌게 되는 경우가 대다수에요.

사실 개념을 완전히 이해해도 모든 문제를 풀 수 있을까 말까 한데, 개념을 이해하지 못하고 문제를 푸니 풀 줄 아는 단순한 문제만 계속 풀고, 응용 문제는 계속 어려워하죠. 그러다보면 여전히 개념은 모르지만 문제 푸는 스킬만 기억해서 익숙한 문제는 풀지만 조금만 응용되어 어렵게 나와도 못 푸는 상태가 됩니다.

212

그렇게 계속 풀 줄 아는 문제만 풀고 못 푸는 문제는 포기하면서 제자리에서 맴도는 거예요. 성적도, 실력도. 그러다가 '조금만 달라져도 못 풀겠네', '나는 수학이랑 안 맞는 것 같아', '수학 포기해야 할까?'로 생각이 이어지기도 하죠. 네, 눈치채셨겠지만 여기까지 제 경험담입니다. 하하하.

## STEP 1. 수학 개념은 교과서와 선생님으로

결론은 개념을 꽉 잡아두어야 쉬운 문제든, 어려운 문제든 풀 수 있다는 거예요. 또, 현재의 상태에 맴돌지 않고 진짜 성적 상승을 이루려면 개념부터 잡아야 한다는 뜻이기도 하고요. 그럼 개념은 어떻게 잡을까요? 교과서와 선생님입니다. 물론 요즘은 문제집이 다들 좋아서 문제집에도 개념 설명 페이지가 잘 나와있는 경우가 있어요. 하지만 그래도 여전히 많은 문제집이 개념 설명에는 큰 비중을 두고 있지 않은 것이 현실입니다. 그렇다면 개념 설명에 치중한 교재가 있을까요? 있습니다. 바로 '교과서'입니다.

교과서는 수학을 다루는 교재 중 "개념 설명에 압도적인 비중"을 두고 있는 몇 안 되는 교재 중 하나예요. 더군다나 교과서는 '수학'과 '수학교육'을 최소 수년 이상 연구한 교수와 교사들이 만들고, 내신 수능 모두 교과서를 기준으로 출제됩니다. 그어떤 사설 문제집도 내신과 수능의 출제 기준이 되지 않습니다.

그러니 개념서가 필요하다면 새 책을 찾기보다는 교과서로 눈을 돌려보세요.

그리고 교과서는 또 다른 장점이 있습니다. 바로 학교 선생님을 마음껏 활용할 수 있다는 점!

특히 수학을 독학하는 친구들이 있다면 이해가 가지 않는 개념이 있을 때 설명을 듣기 어려워 답답한 경우가 있을 거예요. 저도 독학을 했기 때문에 매우 공감합니다. 그럴 때는 제발 학교 선생님을 적극적으로 활용하세요. 사설 문제집도 아니고 명백한 수업 교재인 교과서를 가지고 질문하는 것이기 때문에 쓸데없는 눈치 볼 필요도 없고, 오히려 '질문하는 학생'으로 기억에 남아 '○○에 관심을 가지고 교사에게 적극적으로 질문함.'이라고 세특에 쓰여질 수도 있는 일석이조의 행동입니다. 뿐만 아니라, 꼭 쉬는 시간이 아니더라도 방과 후 시간 등 선생님이 상대적으로 여유로운 시간에 질문할 경우 이해가 안 되면 될 때까지 설명을 반복해서 들을 수도 있습니다.

# STEP 2. 수학을 정복하기
## 문제풀이의 시작도 교과서로

자, 그러면 교과서와 선생님을 활용해서 개념을 어느 정도 잡았다고 칩시다. 그 다음에는 무엇을 해야 할까요? 네, 문제를 풀어야 합니다. 문제를 풀 때는 우선 교과서에 있는 문제부터 꼭 풀어보셔야 해요. 흔히 교과서에 있는 문제를 얕보는 친구들이 있는데, 절대 그러지 말고 교과서 개념을 공부하며 꼭 함께 문제를 풀어보길 바랍니다. 교과서 문제의 난이도는 교과서의 개념을 충실히 공부했다면 충분히 풀 수 있도록 설계되어 있어요. 이때 교과서 문제를 풀 때는 난이도 걱정은 잠깐 접어두고, 단순히 맞고 틀리고가 아닌 '어떻게 풀었는지'에 집중해야 합니다. 왜냐하면 교과서의 문제는 일종의 가이드 라인이기 때문이죠. 시중에 나와 있는 문제집들의 수많은 문제들도 결국 교과서 문제에 기반하여 만들어집니다. 따라서 문제풀이를 위한 개념이나 풀이의 원리가 거의 비슷하고, 그 가장 기본적인 형태는 모두 교과서에 있다고 보시면 돼요.

여기서 또 중요한 게 있습니다. 바로 답지를 내 것으로 만들어야 한다는 것! 앞서 말했듯 교과서의 문제는 단순히 맞고 틀리는데 집중하는 게 아니라, '풀이 방법'을 눈여겨 보셔야 해요. 그리고 그 교과서식 풀이 방법을 완전히 내 것으로 만들어야 합니다.

실제로 제가 수학을 4등급 받았을 때 이 방법으로 성적을 끌어올렸는데요, 우선은 교과서의 풀이방법을 일일이 노트에 옮겨 적었어요. 그렇게 옮겨적으면서 이 식 다음에 왜 저 식으로 이어지는지 생각해보고, 이 문제에 왜 이 공식이 적용되는지 생각해보면서 이해했어요. 그렇게 원리와 흐름을 이해하니 자연스럽게 교과서의 풀이가 통째로 외워졌습니다. A 다음에 B가 오면, 그다음에는 당연히 C가 오는 느낌으로, 암기 아닌 암기를 했죠. 어쨌든 이렇게 교과서의 풀이방식을 나의 것으로 체화하니 그 결과 수행평가에서 거의 혼자 만점을 받을 수 있었습니다. (사실 수학 수행평가는 풀이과정을 평가하는 것이라 교과서대로 하면 점수가 높을 수 밖에 없어요!)

## STEP 3. 문제풀이

### 개념학습 후, 어떤 문제집을 얼마나 풀까?

교과서로 충분히 개념을 익히고 기본문제 과정을 숙지했다면 이제 다양한 문제를 풀어야 합니다. 바로, 유형별 문제풀이를 해야 하는데요. 가장 대표적인 《쎈》이나 《RPM》 같은 문제집들이죠. 이 문제집을 하나 사서 풀고, 채점하고, 틀린 문제를 오답정리하는 과정이 필요합니다. 이 문제집들은 아주 일반적인 대표 유형들을 모아놓았다고 볼 수 있는데요, 수능에서는 3점짜리, 또는 쉬운 4점짜리로 나오는 문제들이고, 특히 내신대비용 문제집으로서 학교 시험에 많이 나오는 문제들입니다. 수능 기출문제집을 풀기 전에 이 문제집을 한 번 이상 꼭 풀어보는 것이 좋은데요, 내신 1등급을 목표로 한다면 이 문제집들을 딱 한 종류만 정해서 푸는 것보다는 두 권, 세 권씩 푸는 것이 내신 수학에는 유리합니다.

고난도 문제집을 풀어야하는가 궁금한 친구들도 있을텐데요. 수능만을 준비한다면 〈수능기출문제집〉이 충분한 고난도 문제집이기 때문에 다른 시중의 어려운 문제집을 풀 필요가 없습니다. 시중의 문제집들은 수능과 방향도 많이 다르니까요. 다만 내신 고득점에는 시중의 고난도 문제집을 푸는 것이 도움이 됩니다. 그러나 본인의 실력이 아직 충분하지 않을 때 바로 고난이도 문제집에 도전하는 건 절대 추천하지 않습니다. 득보다 실이 많으니까요. 실력이 충분하지 않을 때는 중간 난이도의 문제를 풀어서 점수를 지금보다 한 단계 위, 중상위권으로 올리는 것에 집중해야 해요. 제가 수학 공부법을 깨닫기 전에 뭣도 모르고 'XX라벨'을 사서 그렇게 해보고 말씀드리는 경험담인데, 아마 못 푸는 문제가 많을 거예요. 그러면 최악의 경우 두 가지 결론이 나옵니다. '어려운 문제집이라 그래'라고 하면서 정신승리를 하면서 계속 붙들고 있거나, 혹은 '아, 나는 역시 못하나 봐' 하면서 포기하거나. 다행히 저는 빠르게 다른 문제집으로 갈아탔습니다.

# 내신 문제집 고르기 팁

이때도 한 가지 팁을 드리자면
학교 선생님을 활용해보세요.
아마 학교마다 다를 수는 있겠지만
학교 선생님들도 내신 문제를 출제할 때
문제집을 활용하시는 경우가 많습니다.
따라서 '제가 수학을 더 공부하고 싶어서 그런데
혹시 문제집을 추천해주실 수 있나요?'라고
학교 선생님께 공손히 문제집 추천을 부탁드리면
몇 가지를 말씀해주실 거예요.
학교 선생님의 입에서 바로 나오는 그 문제집들이
선생님이 참고하시는 문제집이라는 건
제가 굳이 말 안해도 다들 아실 거라고 믿습니다.

## 1. 수능 기출문제 분석 인강 듣기

이제 수능 기출문제를 풀어야 합니다. 수능 기출문제는 슬프지만 지금까지 공부하던 문제집의 방향과는 결이 좀 달라요. 3점짜리 문제, 쉬운 4점문제는 비슷할지몰라도 우리가 1, 2등급을 맞기 위해 풀어야 하는 어려운 4점짜리 문제들에는 아주 정교하고 심오한 문제들도 있으니까요. 헉! 소리가 날 정도로 어려운 문제들도 있습니다. 그렇기 때문에 혼자서 푸는 것은 추천하지 않습니다. 기출분석 인강을 듣는 것이 좋아요. 여러 유명한 선생님들의 기출분석 인강 중 본인에게 맞는 강의를 선택하면 됩니다. 기출분석 강의는 단순이 풀이 강의가 아니라 기출의 코드를 분석하는 강의에요. '아 교과서의 그 개념이 수능에서는 이렇게 쓰이는구나'를 체감하게 됩니다. 이 인강을 잘 듣고 복습까지 완료하기가 첫 번째 과제입니다.

## 2. 수능기출문제집 사서 혼자 3번 풀기

이제 수능기출문제집을 '혼자서' 풀 차례예요. 먼저 단원별/점수별로 되어있는 수학 기출문제집을 고르세요. 그리고 한 단원을 들어가기 전에 두 가지를 준비하세요. 바로 교과서와 인강에서 '수능 개념'을 정리해 둔 개념 필기 부분입니다. 교과서와 인강 필기로 먼저 그 단원의 개념을 쫙 스스로 수업하듯이 복습합니다. 그리고 한 문제씩 기출문제를 풀어요.

### ✓ 1회독

인강에서 같이 풀어본 문제들이지만 아주 색다르게 다가올 겁니다. 끙끙대면서 푸는 문제들이 많아질 거예요. 그리고 분명 배운 문제인데도 어려운 문제는 풀리지가 않을 거예요. 고민을 15분 이상해도 안풀린다면 해설을 봐야 합니다. 인강에서 풀었던 문제라면 인강에서 필기해둔 해설을 다시 복습합니다. 처음 보는 문제라면 해설지를 혼자보는 것보다는 인강사이트에 들어가서 연도별 모의고사 해설 강의 모음에 들어가서 그 문제의 해설강의만 찾아듣는 것이 아주 도움이 되니 꼭 그렇게 해보세요!

## 단원별 레파토리 노트 만들기

이렇게 기출문제를 해설강의 이후 2번째 보는 단계에서
본인이 깨달은 사실들을 노트에 단원별로 정리합니다.
예를 들어서 '미분법에서는 3가지 접근법이 이렇게 있다'
'수열 문제가 안 풀릴 때는 이렇게 해보자'
'삼차함수가 나올 때는 이렇게 분석해야 한다'
'이 단원에서는 꼭 이 개념을 잊으면 안된다'
같은 것이에요.

### ✓ 2회독

이제 혼자서 푸는 비중이 높아집니다. 그리고 어느정도 수능 풀이의 감도 생길 거예요. 그럼에도 또 안 풀릴 겁니다. 이때부터는 무조건 고민하기를 시도할 때입니다. 어떻게 풀지? 이렇게 해볼까? 저렇게 해볼까? 하면서 풀릴 때까지 고민합니다. 책상에서 한 문제를 너무 오래 붙잡고 있으면 안되니 20분 이상 고민이 되는 문제는 따로 적어서 자투리시간에 고민하기도 했어요. 책상에서는 안 풀리던 문제가 길 가다가 풀리는 경험을 할 수 있습니다. 그렇게 해도 정 안되는 문제는 다시 해설강의를 찾아 듣습니다. 이 과정에서 실력이 엄청 많이 향상됩니다. 1회독에서 만들어 둔 단원별 풀이법 노트에 풀이 아이디어나 레파토리를 추가해 갑니다.

## ✅ 3회독

3회독부터는 평가원 기출문제만 풀지 말고, 교육청 기출문제도 포함된 기출문제집을 새로 사서 풀면 좋습니다. 풀다 보면 많이 풀어서 외워버린 듯한 문제들도 있을 텐데요. 이때 외웠다고 해서 얕보지 않아야 합니다. 저는 익숙한 문제도 처음 보는 문제라고 생각하고 다시 풀고, 예전과 다른 방법으로 시도해보고 또는 문제를 해부하듯이 다시 모든 단계를 스스로 해설해보고 이런 방식으로 문제를 대했습니다. 다양한 문제들을 경험하면서 역시 고민의 고민을 반복하면서 본인의 풀이법을 정교하게 다듬고 실력을 향상해갑니다. 사실 역대 기출문제가 문제가 너무 많아서 3회독으로도 부족합니다. 수능 때까지 기출을 반복하는 것이 핵심입니다.

기출만 진득하게 반복해도 충분하지만 수능 때까지 시간이 많이 여유가 있다면 고난도 문제를 연마하는 인강을 하나 병행해도 좋겠습니다.

## STEP4. 실전연습 + 약점보완

수능이 한 두달 앞으로 가까워졌나요? 이제 실전연습을 할 차례입니다. 아무 모의고사 문제집이나 풀기보다는 〈사설 모의고사 모음집〉을 풀어보세요. 또는 검증되었다고 할 만큼 유명한 인강 선생님의 실전 모의고사를 주문해서 풀어보는 것도 좋습니다.

100분에 모든 문제를 차분히 풀어보는 연습을 해야합니다. 물론 맨 뒤에 나오는 문제들은 아직도 어렵겠지만, 지금까지 29번, 30번 문제도 맞히는 연습을 해왔기 때문에 충분히 시도할 수 있을 것입니다. 수능 때까지 실전 감을 유지하면서 틀린 문제는 왜 틀렸는지 풀이를 보충합니다. 이 모든 과정이 길고 험난하다는 것을 알지만 이렇게 공부해보면 수능 때 결코 수학시간이 두렵지 않을 겁니다!

## 수학을 싫어해도 할 수 있어요

실제로 수학을 많이 어려워하고 싫어했던 제가 초중고 12년 동안 시행착오를 겪으며 깨달은 것들인데요, 사실 저도 수십 번의 시행착오를 겪은 후에야 비로소 알게 된 것들인만큼 여러분의 입장에서는 당장 공감하기 어려운 것들도 있을 거예요. 그렇지만 여러분만큼이나 수학을 싫어했던 사람이 결국 도전과 실패 끝에 깨달은 것인만큼, 여러분의 시행착오를 조금이라도 줄여드린다면 좋겠습니다. 20살 이후로 평생 수학은 쳐다보지도 않을 거라는 각오로 몇 년, 고 3 친구들은 몇 개월만 참고 공부해봅시다! 그러면 진짜로 수학 안 쳐다보고 살아도 됩니다.

# 실패없는 영어 공부법 ——————

 서림

**《너를 영어1등급으로 만들어주마》 저자** 송서림

영어는 저에게 애증의 과목이었습니다. 아무리 공부해도 될 듯 말 듯 3등급 이상으로 오르지 않아서 미칠 듯이 답답한 과목이었죠. 그랬던 제가 어떤 영어공부법을 깨닫고 성적을 올리고, 또 많은 과외 학생들의 성적을 올리면서 한가지 깨달았던 것은 영어는 사실 수학, 국어보다 훨씬 성적을 올리기가 쉽다는 것입니다. 요즘은 절대평가여서 더 그렇지만, 영어가 여전히 상대평가라고 해도 그렇습니다. 영어는 수학처럼 엄청난 범위와 엄청나게 다양한 유형이 있는 것도 아니고 국어처럼 긴 지문을 읽을 필요도 없습니다. 단 한 문단의 지문만, 무슨 말인지 알아듣게 적절한 수준으로 읽을 줄 알면 풀 수 있는 문항들입니다. 문제는 무슨 말인지 알아듣지도 못하고 단어와 문법 지식을 이용해서 해석하는 척만 하다가 답을 찍고 있다는 것. 그리고 그렇게 고등학교 3년이 지나가 버리는 경우가 많다는 것이죠. 지금까지 영어로 고전한 학생들이라면 그 근본적인 방법을 바꿔서 1등급을 꼭 받아내시길 바랍니다.

수능의 영어영역에서 가장 중요한 것은 독해를 잘하는 것입니다. 이 독해를 어떻게 공부하여 1등급으로 만들 수 있는지 영어가 하위권이라고 가정을 하고 전체 공부과정을 설명해보겠습니다. 제가 공부했던 방법을 최대한 명료하게, 세 가지의 단계를 나눠서 설명해보도록 할게요.

## STEP 1

### 1. 단어 외우기

단어를 얼마만큼 외워야 하는지 정해주겠습니다. 하루에 60개씩 외워야 합니다. 일반적인 단어집이라면 Day 2개 정도가 되겠네요. 어느 정도로 외워야 하는지도 정해주겠습니다. 영어를 보고 대표적인 한국말 뜻을 생각해낼 수 있을 정도로만 외우면 됩니다. 영어 단어를 60개씩 토씨 하나 빠뜨리지 않고 스펠링까지 외우는 것은 어렵지만, 이렇게 뜻을 떠올리는 정도로 외우는 것은 어렵지 않습니다. 처음에는 ≪능률보카 어원편≫과 ≪어휘끝≫이라는 단어책을 추천해요. 이 단어책을 하루에 Day 2개씩 외우면 됩니다. 처음부터 끝까지 1회독을 돌리고 그 다음 다시 처음부터 2회독이 되도록 외워보세요. 기간은 두 달이면 충분합니다. 두 달간 기본 어휘력을 끌어올리는 것이죠. 이건 말은 쉬운데 사실 실천하기 어려운 일입니다. 보통은 단어책의 앞부분만 새까맣고, 뒷부분은 깨끗한 것이 우리들의 지금까지의 모습이었으니까요. 이것을 할 수 있는지가 하위권에서 1등급으로 올릴 수 있는지 그 '의지'를 점검하는 것이 될 것입니다. 혼자서 단어장을 외우는 습관을 들이기 어렵다면 친구와 같이 외우기로 약속하고 매일 단어 테스트를 하는 방식으로 해도 좋겠습니다.

2회독 이상이 되었다면 이제는 독해 문제집을 풀어도 어느 정도 필수적인 단어를 알 수 있는 수준이 될 것입니다. 지금부터는 ≪능률보카≫ 같은 무거운 단어책을 들고 다니지 않아도 됩니다. 이제부터는 독해공부를 하면서 어려운 단어, 기억이 나지 않는 단어만 추려서 스스로 만든 단어장에 직접 적은 것을 가지고 다니면서 외울 거예요. 언제까지? 수능 전날까지! 수능 전날까지 자투리 시간에는 단어장을 들고 다니면서 외워야 합니다. 저는 집에서 밥을 먹고 설거지를 하는 동안 외우고, 산책하는 시간마다 단어장을 외웠습니다. 이렇게 루틴을 만들어 외우면 큰 노력을 들이지 않고도 단어 암기를 해결할 수 있을 겁니다.

## 2. 문법 인강 완강하기

독해를 잘하기 위해서 문법박사가 될 필요는 없습니다. 다만 한국어와 다른 영어의 기본 문법체계는 알아야 합니다. 세상에 좋은 인강들이 정말 많습니다. EBS 인강이든, 본인이 갖고 있는 인강패스에서 선택하든 어떤 것이든 좋습니다. 마음에 드는 선생님의 문법 강의를 한 가지 고릅니다. 한 달을 잡고 이 문법강의를 반드시 완강하고 복습/암기까지 끝내세요. 이 역시 단순노력이지만 실천하기가 쉽지 않아서 100명이 도전한다면 많아도 한 2~30명의 학생들이 완강이라는 과제를 마치지 않을까 합니다. 우선 이 30퍼센트 안에 드는 것이 중요합니다.

## 3. 문장독해 연습하기

문법인강을 완강하고 복습까지 하였다면 문장구조에 대해서 전반적인 내용을 터득하게 되었을 것입니다. 능숙하지는 않아도, 문장을 보고 어느정도 주어와 동사, 목적어 보어를 구분해내면서 어설프게나마 독해를 할 수 있게 됩니다. 이렇게 문장구조를 분석하고 번역작업을 꾸역꾸역 연습하는 작업이 얼마간 필요합니다. 구문독해 인강 한 가지를 골라서 들어도 좋고 인강이 싫다면 ≪천일문≫과 같은 교재를 사서 한 문장 한 문장 번역하고 해석지와 맞춰보는 연습을 해봅시다. 한 달 정도 이 작업에 집중합니다. 이 기간동안은 완벽한 독해를 하는 연습이 아니라, 틀려도 좋으니 서툴게 번역 연습을 해보자고 생각하면 됩니다.

독해 연습을 하다보면 한번 모의고사 문제집도 풀어보고 싶은 생각이 들텐데요, 모의고사를 풀어보세요. 두 달동안 여기까지 잘 따라온 학생이라면 아마 3등급에서 4등급이 나올 것입니다. 이제 step 2로 넘어갑시다.

## 1. 순수 지문 읽기, 영혼독해

빨리 문제를 풀고 싶겠지만 문제풀이에 들어가기 전에 문제가 없는 순수 지문 읽기 연습을 해야 합니다. 우리는 아직 초보적인 번역만 해보았을 뿐 진정한 해석을 경험한 적이 없기 때문이에요. 진정한 해석은 시간 안에 답을 맞히려고만 접근하는 것이 아니라 지문을 온전한 편지, 읽을거리 자체로 받아들일 때 경험할 수 있습니다. 먼저 EBS 수능특강의 한 부분을 펴세요. 어떤 부분이든 좋습니다. 여기에 문제를 풀지 말고 답을 미리 체크합니다. 우리는 EBS 지문만 읽고 문제는 풀지 않을 것이니까요. 문제풀이는 나중에 기출로만 해도 충분하니 불안해 하지 말고 답을 체크하세요. 이제 한 문장씩 입으로 읽기 연습을 하는 것을 추천합니다. 무작정 입으로 소리만 내는 것이 아니라 '입을 뗌과 동시에 문장의 의미가 들어오게끔' 연습하는 방법이에요. 저는 이 방법을 영혼을 집중해서 읽는다 해서 '영혼독해'라고 이름을 지었고요. 처음 듣는 학생들은 생소할 수 있겠지만 효과를 보장하는 방법이니 꼭 시도해보았으면 좋겠습니다. 예를 들어볼게요.

---

Our ability to perceive difference is so well developed that we even find differences where none exist.

*so~ that … : 너무 ~해서 …한다

---

위 문장은 '차이점을 인식하는 우리의 능력은 너무도 잘 발달

되어있어서, 우리는 심지어 차이가 존재하지 않는 부분에도 차이점을 찾아낸다.'라는 뜻의 문장입니다.

Our ability to perceive difference(!)

*한 번에 의미가 마음속으로 안 들어왔으면 의미가 소화될 때까지 다시 입으로 읽습니다.

is so well~ developed

*한 번에 의미가 마음속으로 안 들어왔으면 의미가 소화될 때까지 다시 입으로 읽습니다.

that we even(!) find differences where none exist.

*한 번에 의미가 마음속으로 안 들어왔으면 의미가 소화될 때까지 다시 입으로 읽습니다.

➡ 우리는 없는 것도 찾아낼 정도로 차이점을 잘 찾아낸다고!

이렇게 강하게도 읽어보고 연기하듯이도 읽어보고 여러 번 시도하면서 이 의미가 한국말로 정확하게 번역되는 것이 아니라 그저 머릿속에 '무슨 말인지 요약되어서 자연스럽게 의미가 들어오게' 하는 연습을 하는 것이에요. 마치 한국말을 읽고 자연스럽게 의미를 이해하는 과정과 비슷합니다. 처음에는 어렵겠지만 한 번만이라도 될 때까지 끈질기게 시도하고 느껴본 학생은 제가 무슨 말을 하는지 이해할 수 있을 것입니다.

왜 이렇게 힘들게 소리내서 연습해야 하냐구요? 이전의 문장마다 문법구조를 분석해가며 연습하는 방식으로는 1등급으로 절대 갈 수가 없기 때문이에요. 영어1등급 만들기가 쉽다고 했지만 그것은 이렇게 읽는 것이 체화되었을 때의 이야기입니다. 영어 영역은 1문제에 2분 안에 풀어야 하는 시험입니다. 문법적으로 일일이 번역하는 수준에 멈춰 있다면 1등급은 아예 불가능하다고 볼 수 있어요. 우리에게는 다른 차원의 접근이 필요합니다. 낯설지만 꼭 이 연습을 해보시길 추천할게요. (위 설명으로 부족한 학생들은 유튜브에 '영혼독해'를 검색해서 저의 시범을 보고 더 익히면 좋겠습니다.)

## 2. 유형별 문제풀이 연습하기

### 1) 유형별 문제풀이 접근법 익히기

이제 문제풀이를 해야 하는 시점입니다. 수백 가지 유형이 있는 수학과 다르게 영어 문제는 20가지도 안되는 아주 정형화된 문제만이 출제됩니다. 그만큼 각 유형별로 차별화된 접근법을 가지고 푸는 것이 효과적인데요. 주제찾기, 빈칸추론, 순서추론, 문장삽입 등 각각의 유형별로 접근하는 방식을 외우고 있어야 합니다. 그런 접근법은 처음부터 혼자 시도하지 말고 유형별 접근법을 알려주는 책이나 인강을 통해서 검증된 방법을 학습하는 것이 좋습니다.

## 2) 유형별 문제풀이 훈련 (아래 모든 내용을 숙지하세요!)

① 배운 접근법을 각 유형마다 기출문제로 연습해야 합니다. 이를 위해서 회차별로 되어있는 문제집을 풀지 말고 유형별로 되어 있는 기출문제집을 선택해야 합니다.

② 하루 또는 2~3일에 한 유형을 '독파' 하겠다는 마음으로 모든 유형들을 하나씩 정복해야 합니다.

③ 문제를 풀 때는 한 문제 당 2분 내외의 시간을 잡고 한 문제를 풀고 바로 채점해야 합니다. 한 문제마다 풀고 나서 본인의 풀이 과정을 바로바로 피드백하는 방식으로 하는 것이 훨씬 더 효과가 좋기 때문이에요. 이렇게 한 문제씩 풀면서 특별히 어려웠던 문제는 오답노트에 기록하고 본인의 풀이습관을 개선해 나갑니다.

④ 언제까지 푸냐 하면 순서추론이 30문제 있다고 했을 때 모두 다 풀지 않고 20문제만 풀더라도, 순서 유형에 '본인이 자신 있어질 때까지' 풉니다. 이 과정으로 모든 유형을 1회독 한 다음 한 번 더 새로운 기출 문제집으로 2회독 하면서 체화합니다.

## 1. 회차별로 5회분 정도 풀기

이제 여러분이 기다리던 모의고사 문제집을 풀 차례입니다. 지금까지 유형별로 풀었기 때문에 실전형으로 되어있는 문제지를 푸는 것이 어색하게 느껴질 거예요. 실전 훈련에 적응하기 위해서 평가원 사이트에 최신 5회분 정도의 기출문제를 프린트해서 풀어보는 과정을 거치는 것이 좋습니다. 유형별 문제를 풀 때는 한 문제 당 2분씩 잡고 풀었다면 이제는 4문제당 8분 내외를 잡고 묶음, 묶음으로 풀어보길 권합니다.

## 2. 사설 모의고사 모음집으로 실전훈련하기

이제 45분 28문제를 잡고 18번의 목적문제부터 45번의 장문문제까지 독해 모의고사를 풀어봅시다. 이때 시중에 파는 일반 모의고사 문제집 같은 것보다는 대성, 종로 등의 실제 사설모의고사를 엮어놓은 모음집으로 하는 것을 추천합니다.

## 3. 3일마다 발전하기

처음에 풀 때는 긴장도 되고 우왕좌왕하면서 높은 점수가 안나올 것입니다. 그렇다고 '잘 나올 때까지 풀어버리겠어!' 라고 하며 몰아서 풀면 안됩니다. 3일에 모의고사 한 회차를 풀고, 나머지 2일은 틀린 유형을 보충하는 시간으로 삼아야 합니다. 도표, 빈칸, 문장삽입, 요약문을 틀렸다고 한다면 이 유형들을 처음부터 다시 돌아가서 접근법도 익히고, 틀렸던 문제들도 모아서 다시 풀어보고 하면서 보충의 시간을 갖는 것입니다. 이렇게 하면 분명 3일마다 부족한 점이 채워지면서 점수가 발전해가는 모습을 보게 될 것입니다.

어떤가요? 지금까지 했던 공부와는 방식이 다를 수 있을 거예요. 다소 낯설더라도 위의 나온 방법을 전체적으로 적용하면서 또 본인에게 부족한 점들을 보완해나가면 좋겠어요. 단어 암기와 같은 여러 가지 노력이 필요하지만 영어는 길이 명확하고, 위 과정을 처음부터 다 따라하는 데 한 학기도 걸리지 않는 일입니다. 일단 문법 인강 하나부터 정해서 완강해보세요. 그리고 1시간 순수지문 읽기(영혼독해) 훈련, 1시간 유형별 훈련. 이렇게 하루 2시간씩, 낭비없는 영어공부를 시작해봅시다!

## '다시 시작하는 너를 위해'
## 네 번째 이야기를 마무리하며

우리가 무언가를 시작하려고 할 때 망설이는 건, 사실 거기에 성공이 보장되어 있지 않기 때문이야. 그리고 정말 많은 사람들이 노력해서 성공하지 못하니 노력하지 않고 성공하지 않는 것을 선택하지. 그리고 나머지 소수의 사람들은 그것을 개의치 않고 일단 시작해. 일이 모두 끝나고 우리가 알 수 있는 건 결국 무언가 시작했던 사람에게는 큰 것이 남고, 시작하지 않았던 사람에게는 아무것도 남지 않는다는 사실이야. 위 멘토들도 모두 후자에 속하는 사람들이지. 그 사람들은 일단 무언가를 시작했고, 다 저마다의 깨달음과 결과를 얻었어. 그렇기 때문에 이들은 우리에게 자신 있게 말해. '너도 할 수 있다'고 말이야. 어때, 이 말이 믿어져? 믿든 믿지 않든, 너에게도 선택의 순간이 온 거나 마찬가지야. 시작할지, 아니면 여기서 그만둘지 말이야.

'잭팟' 멘토가 했던 말 생각나?

저는 자신의 결심을 스스로에게
증명하는 것이 무엇보다 중요하다고 생각합니다.

　나의 결심을 가장 잘 아는 것은 나 자신이야. 그리고 그것을 정말 할 수 있었는지 없었는지 가장 잘 판단할 사람도 나 자신이지. 누군가에게 내 결심을 따로 말하지 않는다면, 정말로 나 말고는 그에 대해 제대로 말할 수가 없어. 이런 상황에서 어차피 나만 아는 거, 못 지켜도 그만이라는 생각보다는 '다른 누구도 아닌 내가 보고 있으니 반드시 지켜야겠다'는 생각을 하면 좋겠어. 너의 결심과 그 결과는 네 안에 영원히 남을 테니 말이야.

# 에필로그
## 삶은 원래 힘든 건가요?

 조조

---

이 대사를 들어보았나요?

**Mathilda:** **Is life always this hard, or is it just when you're a kid?**
**Léon:** **Always like this.**

영화 〈레옹〉에 나오는 대사 일부입니다. 여러분은 레옹이라는 영화를 보셨을지 모르겠네요. 1994년 영화라 오래되긴 했지만 2020년에 재개봉을 했을 정도로 유명한 희대의 역작이지요.

이 영화에서 어린 소녀인 마틸다는 따뜻한 킬러인 레옹에게 묻습니다. "사는 게 항상 이렇게 힘든가요? 아니면 어릴 때만 그래요?" 잠시 침묵을 유지하던 레옹은 "언제나 힘들지."라고 대답합니다. 그 대답을 듣는 마틸다의 눈에 많은 감정이 어렸던 것으로 기억합니다. 그녀는 코피를 흘리며 수많은 고민을 했겠죠.

그녀의 고민은 당시에 그녀를 집어삼킬 수 있는 고민이었으리라 봅니다. 그래서 자신보다 조금 더 나이가 많은 레옹에게 물어봤겠죠. 누구에게나 지금은 힘들지만 나중에는 편안해졌으면 하는 간절한 바람이 있지 않았을까요?

인간은 모두 편안한 상태를 좋아합니다. 누군가는 관성이라고 하고, 누군가는 행복이라고 하죠. 걱정이 없는 편안한 삶이 싫은 사람은 별로 없겠지만, 무작정 고민 없이 행복한 삶은 없습니다. 레옹이 말했듯 사는 것은 원래 항상 힘듭니다. 누구에게나. 저도 인생을 많이 살진 않았지만 지금까지의 삶이 그랬다고 말하고 싶어요. 네, 사는 건 힘이 들어요. 수능도, 그 이후의 삶도요. 목표를 이루었다고 해서 이 긴 삶의 힘듦이 사라지는 것은 아니니까요. 그러니까 우리 도망치지 말고, 이 힘듦을 한번 온몸으로 받아들여보는 건 어떨까요? 힘들지만 새벽에 일어나 공부하다 보면 묘한 행복감을 느낄 수 있을 거예요. 긴긴 새벽 홀로 공부하다가 먼동이 트는 아침이 되면, 그 무엇과도 비할 수 없는 충만한 성취감이 여러분을 기다리고 있어요.

한번 해봐요, 우리.

자유를 위하여
위버멘쉬(Übermensch)가 되어라.


-조조-

# 드디어 공부가 하고 싶어졌다
: 유리멘탈을 위한 공부상담소

| | |
|---|---|
| **1판 1쇄** | 2022년 5월 6일 |
| **1판 3쇄** | 2024년 6월 10일 |

| | |
|---|---|
| **지은이** | 학학이 멘토단 |
| **펴낸이** | 송서림 |
| **디자인** | 김철수 |
| **펴낸 곳** | 메리포핀스북스 |
| **등록** | 2018년 5월 9일 |
| **주소** | 경기도 김포시 김포한강2로 262 휘밀리프라자 504호 |